倉央嘉措詩裡所隱藏的秘義

丹增偕樂───著

獻給倉央嘉措和你

願我們皆能自凡情中成就佛心，
也能以佛心觀待常情。

序

　　我若不以詩歌般地唱述，誰還有心思向生命投一次注目。我若不以風騷地挑逗，誰還會承認那頑固的薄情。我若不以尖酸而揭啟，誰還會在意那即將被埋沒的慈悲。

　　我發瘋般地演繹著你的生命，請你不要只顧著喝彩或漫　 。我不過是你內心投射到這世上的一出幻化，而你目睹的正是你遺忘和恍惚的自己。

　　不要表面羞怯而內心狂野地試探，你在冥想中的親吻並沒有玷污那一絲不掛的清白。不要若無其事而欲言又止地挑逗，你在記憶中尋回的擁抱早已經消失不在。我不能

勸你薄情地活在深情的世界，也無能勸你深情地活在薄情的世界。

　　天都亮了，你嘗試了多次。我在你的猶豫中離開，下一次再見只能是在傳說中。你多珍重，夢裡有你要的答案；雖然你不曾睡去，然你卻也尚未醒來。你多珍重，莫再思量你來自哪裡；前世一個欲想，便是你當下的世界。

　　我能夠知道你的悲傷，如花離枝。我能夠知道你的欣喜，如芽逢露。珍重吧，沒有誰離開自己而創造自己。我在正覺塔為你祈禱，我不敢忘記你疲憊卻不曾失掉的慈悲。

藏於我眼中的
你的淚水

一路走來，在這裡我又聽到你的名字，那是充滿了喜悅與悲傷的往事。從達旺到布達拉，從石門寺到廣宗塔；甚至從紅塵到紅塵，人們都在說著你的名字。如風馬旗飄揚於遼闊的大地，亦如你白色念珠輕觸灰色的門環。

　　山谷中再無阿媽呼喚阿旺嘉措的迴響，八角街也不再有你跳動法舞的步伐。青海湖邊沒有你瘦弱的背影，阿拉善也再不見你策馬賓士。

　　你不再歌唱，亦不再誦經。世間沒有阿旺嘉措，也沒有達瓦卓瑪。一切都融入虛空與猜想，俗世無法了知佛心與凡情的別樣。少有人會意你不負如來不負卿的滿心菩提，卻更希望你是世上最美的情郎。

　　讓我為你唱誦一段你最熟悉的經文吧！那是你的真心。讓我為你再跳一段金剛舞！那是你的真情。俗世再無遺夢，你一路向北的慈悲，如你親手種下的樹苗，如今已經參天茂盛。俗世再無杯葛，你含淚回眸的祝福，如你在

沙漠中示出的泉井，此刻仍涓涓不竭。

我不敢輕易想起你，因暖如春風又毅過須彌。你遠在賢劫之外卻又近在眉前，所以世人只能訛傳了你。這是他們的美意，猶如他們為岩石披上新衣。這是他們的善意，猶如他們撰出瑪姬阿米。世人渴望你能不離，那是法的痕跡；世人渴望你能不棄，詮釋情的緣起。

我總是想起你，旁人無法窺探的秘密。你如夜色中我久違的知己，使我安住空寂。你如寺中的塔文我熟記於心，使我不起妄倪。你如藏於我眼中的淚水，翻騰卻不敢在世間蕩起漣漪。

宮殿裡的秘密

布達拉宮裡暫匿著第巴的秘密，像還沒有融入泥水的石木壘疊著宮牆。喬裝的朝聖者匆匆將金鈴送回寢宮，而他的心卻如遠掛在天空的雲；欲化為雨，卻又怕驚擾了王子的筵席。

　　喜瑪拉雅的陽光照耀著恩愛的賢人，也守護著金鈴的主人。塵世總是那樣曲折，不時為慈悲的心腸準備著瘋石般的艱險。哪一處不是考驗與印證，似雪山潔白在離烈日最近的高處。

　　這裡是菩薩的住所，而高聳的宮殿裡卻沸騰著俗世的糾纏。權利如獅子面向雪域中稀有的翠林，情懷卻好比馬背上即將斷裂的繩韁。人世間，有些事情要以死了脫；而有些事情卻必須以生而圓滿。

　　離枝的花兒，讓記憶更加遼闊，也讓有心的人兒悲傷不已。窪地並不廣袤，但總是那麼寧靜；阿媽的呵護如甘露滋養大地，阿爸的教誨如串起經本的線索。身在紅塵，

而心地卻是凡夫無法照見的淨土。王公的較量猶如驚雷恫嚇獨自行經曠野的旅人，威脅著多情的佛心不得不以不凡的仙骨流浪在紅塵。沒有比這更加艱險的考驗，也沒有什麼比這更加刻薄尖酸。

　　阿媽的歌聲從故鄉隨阿爸流浪到這偏僻的窪地，沿途是爭相送行與寬慰的杜鵑花。即使是來不及在寒冬綻放，仍就放棄了回避塵世的願望而開放在春風裡。似乎預示著他們終將被迎回的因緣，也毫不吝嗇供養著全部的香息。苦難已經結束在過去，連故鄉的模樣都已經模糊。想必那頭寂寞的犛牛已經老去，阿姐的刁難和貪婪也已經隨離別而消失在那扇無法緊閉的籬門之後。

　　愛，成就了從苦難到喜悅的旅途。阿媽的頭髮依舊烏黑，阿爸的仁厚更加磅礴。阿旺嘉措已經長大，如雪域冉冉生起的朝陽。而他的命運也正如烏朵中飛出的石子，從眼前投向遠方。阿爸智慧而跌宕的一生徒然停止，留給阿

旺嘉措的叮嚀如菩薩無餘的開釋。阿媽忍住悲傷鋪墊出一條從紅塵到紅塵的道路，那是菩薩入世的慈悲。

　　一切悲傷都像連枷下的青稞，離開桿枝化做對生命的供養。窪地的九年，是菩薩在淨土休養生息的光景。而赤子此刻要懷揣著菩薩的心去往遠方，阿媽是佇立在村口揮手的仙女，阿爸是那顆在白天也不願消失的隱約在天際的星辰。

　　阿旺嘉措隨王宮來的使者去了遠方，山谷中回蕩著那只有他自己聽得到的，隱藏著哭泣的對阿媽的道別。遠方，曾使自己渴望有一雙翅膀；而此刻故鄉和阿媽卻變成了遠方，永遠的遠方。

　　命運，已經在路上。

哭泣的北方

一千五百個夜晚，仿佛從不曾有白晝。經堂中坐著的是孤獨的身軀，而那顆年幼的心早已經隨思念散落在從此至阿媽身邊的途中。杜鵑花開了又謝，落下的眼淚乾了又濕。阿媽已經不再是阿媽，那是瘦盡青山的孤獨。故鄉沒有捎來口信，哭泣的心沸騰出過去的光景。離別是那樣的慈悲，而每一句經文卻都是隨著阿媽牽著小手的溫暖流入心裡。思念是那樣的慈悲，遙望向北方的眼睛是阿媽悲介眾生的別離。故鄉一直沒有音信；那通往村子的路啊，千萬不要改變了曲折，每一步都深深地印在了心裡。那沿途蒼翠的松柏啊，不要彎下了腰，阿旺嘉措已經長高。

終於，風雪帶來了家鄉的消息，生命卻從此失去歸依。悲傷得已經無法哭泣，人間從此變的孤獨的只能以流浪而充當離去。如果這就是命運，但願阿媽已經在天上與阿爸團聚。

已經無所謂思念，因為從不會忘記。過去，隱隱作

痛;不時帶來兒時的記憶,阿媽仍舊美麗。時光幾乎全部饋贈給了這個孤獨少年,一切都停留在過去。任何時候無須刻意,轉念就在眼前,一切都是舊時的模樣。幸福是永恆的無法摧毀的記憶,隨運命遷徙,不離不棄。

　　已經不再是此前的寺院,連命運也在這裡轉彎。那來自吐蕃之王的故鄉的姑娘,讓孤獨的少年的心開始蕩漾。寫一段詩文贈給人間久寒乍暖的蒼茫,讓流浪的熱巴唱給那美麗如阿媽的姑娘。樹上掛著為心上人祈福的幡幢,漂浮如萍草的心靈似乎回到了故鄉。多如天上繁星的路過生命的旅人,匆匆的趕往遠方。稍停片刻吧,說上一句哪怕聽不懂的方言。也好讓這遙迢的路程少些孤單,崗波拉山並非要故意隔開雅魯藏布江和羊卓雍措。

　　泥水已經凝固了布達拉宮的紅牆,五世的靈塔空空如臥房。權利像塵世的河山,在高處奔騰不息。蒙古的草原上,那鐵騎正要邁出癲狂的步伐。葛爾丹飲下自己準備的

毒藥，第巴的秘密皇帝也已經知曉。蝴蝶欲為格桑舞蹈，而狂風突然來到。命運如奔騰的雅魯藏布江，無人能阻擋；少年即將被圍在紅牆，留下那善良而美麗的姑娘。塵事跌宕的像是拉薩河的波浪，分不清哪一朵是祈禱，哪一朵是悲傷。

　　已經肝腸寸斷了多少回，怎麼會不使十五歲的少年心生出離。究竟是怎樣的前世，造就今生這如風中柳絮的無奈。五世的法體終於奉在靈塔中，六世也正式住進了宮牆。拉薩還是那個拉薩，少年更加想念遠方的姑娘。生是前世的因，繁華不過是低頭穿過的風景。誰在遠方哭乾了眼淚，誰在這裡浸在憂鬱的汪洋。少年剪去長髮，山頂上一片金黃。八月的天空，飄揚著王的呼喚，瓊結的姑娘啊，恨自己無法長出翅膀。南竹之弓射出的聲響，何時回蕩至南方。

兒時的夥伴

俗世再沒有阿旺嘉措，只有住在王宮裡的普慧 羅布藏 仁欽 倉央嘉措。他是孤獨的男子，穿著旁人為他準備的衣裳。拉薩城人來人往，該向誰述說衷腸。黃袍遮止了哀傷，而寂寞卻像顆種子日漸茁壯。這裡是凡間的天堂，卻只有一個人毫不嚮往。憂傷舊了，慢慢變成隨風的雲朵，輕輕地飄著，化做記憶讓生命多些鮮活。

　　故鄉的夥伴來到這裡，帶來消息。姑娘已經成了別人的新娘，不要責怪也不要悲傷。少年已不在人間，等待也許無法久長。惹薩改了名字，成為大昭寺；巴果街改了名字，成為八廓街。倉央嘉措也改了名字，叫做宕桑旺波。拉薩城繁華得像夢中的夢，就連那蓄意欺騙的情操也像烏雲被陽光染成了金色。還有什麼能夠寄託那顆支離破碎的心，自己釀的青稞酒，無論是甘苦都得自己吞下。酒館中彌漫著塵世的味道，不羈的不是赤熱的初心。宮殿的枷鎖把雄鷹變成了孤獨的浪子，心聲說給誰聽。

那從遠處逃來的姑娘，是什麼樣的緣分讓你出現在拉薩。猶如你逃遁時丟下的水桶，敲打著被寂寞和世故折磨的靈魂。沒有什麼欲求，更不在乎華麗的衣裳和高貴的名爵。也無能為眾生祈福，只想做一個普通的人在塵間攜一雙手。以愛的名義，修出菩薩的德性。或許，你是前世之約，歷盡艱險只為讓生命莫在這裡失去希望。相思，讓夜更加漫長。宮殿卻沒有一扇門窗是為相見而開敞，那在城牆角落挖開的門兒，傾泄了多少癡狂。

　　你是潔白的月亮，讓夜色無有恐慌。你是溫暖的朝陽，讓愛得到時光。你是菩薩的化身，讓浪子的心安詳。你是心愛的姑娘，呵護著囚徒般的雪域之王。不要金銀，那是過眼的煙雲。不要珍食，那是穿腸的毒藥。不要華廈，那是霧裡的淩桓。只要一雙手，化開被塵世凍凝的苦果般的心。

　　雪地上的腳印，葬送了唯一的朋友的性命。告密者將

兒時的夥伴

心愛的姑娘送回狼窩，如銀針沉入海底。如囚徒頂著王冠，坐在針氈，誰會稀罕。亂世如暴雨中的龍潭，水花四濺。那漫山的福幡，那一片為自己飄揚？那滿城的酥油燈，哪一盞是為自己點燃？如果，這就是王的命運，重生或許才是希望。如果，這是王的命運，要幾世修行才能掙脫。

　　離別，一次次離別；一次次痛徹心扉的離別，一次次痛徹心扉的生死未卜的離別。高山經受著大地的搖晃，連鳥兒也無法站立在枝頭。剩下受傷的雄鷹，被綁在冰冷的岩石上。這裡再無親人，世上再無親人。雄鷹只剩下一片孤獨的羽毛，風卻吹不到此處。那一段段詩文，如泣瀝在凡間的鮮血，卻無法寬慰被撕裂的大地。

　　第巴的毒藥沒能投入拉藏汗的碗中，戰爭在菩薩的眼前壯烈的上演。第巴以死亡解脫了命運的糾纏，拉藏汗主宰了聖城的命運。那是一個沒有英雄的年代，彎刀和鐵騎

是欲望的工具。而少年，又何嘗不是一枚棋子。悲傷也已經變了模樣，像一層層波浪，還來不及看清楚又相繼爭相疊蕩。已經找不到表達的方法，連眼淚都不知道該在何時落下。

如果還能夠，就讓這一切早些結束吧。閉上眼睛，誦一段久違的經文。不為救贖那蜚語流言中的罪過，但為那遠道而來只為一睹尊容的眾生。已經不再悲傷，絕望是治癒傷心的良藥。時光如銀碗中的青稞酒，縱使穿腸也一飲而盡吧。留下那尚未圓滿的修行，再來人間，報答那一段段比雅魯藏布江還深的恩情。

兒時的夥伴

青海湖的月亮

皇帝的使者從北方而來，拉薩再不是阿旺嘉措的家。敏珠活佛的諫言，和著滿城的哭喊也未能留下傷心欲絕的人兒。這裡不再有倉央嘉措，只有一個即將要被押解去京城的青年。整個拉薩都在哭泣，菩薩也落下眼淚。哲蚌寺的喇嘛決定誓死捍衛這無辜的「囚犯」，菩薩的心總是與智者相連。

　　心灰意冷的青年，不必再留在這傷心處，也不願再有人受到牽連。一路向北，六月的寒風悲鳴在山谷。山谷的枯石流著經年的眼淚，染綠土地為他送行。唐古喇山撐起遼闊的天空，白雲也越過山頂來送別這孤獨的人兒。這一去，萬水千山，幾時能回還？茫茫昆侖和奔騰的通天河啊，請照顧這位傷心的人吧。讓景色再美一些，讓水再清一些，這一見可能是訣別。再往前是無垠的戈壁，格爾木的風總是旁若無人地吹著，仿佛是希望旅人留下動情的眼淚。

青海湖邊的氈房裡，彌漫著皇帝的猶豫。美麗的格桑花如何能在北方的京城生根，誰又能保證他不在黃土中枯萎。天空升起皎潔的月亮，青海湖微微蕩起波浪。那是牽腸掛肚的過往，如果投身于清潔的湖中可以了卻生的迷茫，請取出那皎潔的月光。如果必須隱匿了姓名去往他方，請阿爸在夜空指引方向。可憐的士卒啊，不必再偷偷的撩望；生也茫茫，死也茫茫。贈你軀幹投入湖水的聲響，你們各自回故鄉。

青海湖裡驚濤駭浪，烏雲遮住月亮，狂風吹打著氈房。夜幕遮住偷窺者的目光，在山梁的那邊，一對身影去往遠方。

從此，世上只剩下關於你的傳說。幾乎沒有人記得你的模樣，那是雪村的燈光，搖曳著寄託在夜色中的期望。如烏朵中擲向遠處的石子，了無蹤跡的蕩出世間猜想。

不要悲傷如花離枝，亦無須無端地撰造那如夢似幻的

長生。無生是不滅的恒常，
梨花帶雨只能贈予那翩翩的
情郎。未去是未來的真相，
雙手合十的祝福恰是契了無
語能表的衷腸。多情是娑婆
的方便，誰人不曾瘦過心房。
離別亦並非是絕情的愴殤，
一切人間的廝守都終將還阡
陌于初荒。若果真動了真情，
再多輪回也不夠久長。

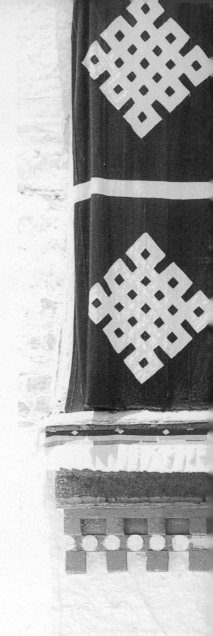

流浪的菩薩

倉央嘉措
六十四首
詩歌解析

他一騎白駒奔入紅塵，輾轉半生不見青藍。尋遍曲折且飲盡浮沉，只見得黑白跌宕。紅塵早已經面目全非，就連初心也險些變了模樣。穿行，那孤獨猶如夜色與黎明交界的沉默。挾裹著無法掩飾的憂傷，卻又綻著不肯熄滅的微芒。不為嵌入夜色，打動世人冷漠的眼眸；只為使深青中多些值得寬慰的光亮，好讓那些奔向來日的有情不至絕望。

遠處又傳來鄉音，那是你日夜不停的祈請。隨光陰蕩至娑婆化為柔軟如晨曦的福音，守護人們遠離顛倒怖畏的無明。芸芸如繁星，浩蕩在無邊的眼界與脆弱的凡心，劃出洶湧的忘川河翻騰不息。

三百年，時光如幽幽的夢，悠悠在當下與往昔。熱巴一代又一代老去，絷年琴已融入黃土滋養杜鵑一朵又一朵綻放。古魯隨喜瑪拉雅的風一路向北，變成雜魯一句又一句撫慰山川湖溪。蒼黃是唐古喇山寂靜的秋色，斑斕如東

山頂上子時的月光。一念憶起，如他未曾離去；一念惋惜，如他欲來未來。然，紅塵如浩蕩的泛華，我們還在這裡。人生，百轉千回至來時的徑口。誰，如安石佇立於風中寂寞。誰，戲舞了世間無從落幕的悲歡。幻幻了娑婆光影沙沙，如如那婆娑妙語漪漪。

　　流浪，是決意歸去的瀟灑；如光芒從雲朵之後投至大地，曲折的只是柔弱的凡心。循著光，看到故土的端倪。

1

ཤར་ཕྱོགས་རི་བོའི་རྩེ་ནས།

དཀར་གསལ་ཟླ་བ་ཤར་བྱུང་།

མ་སྐྱེས་ཨ་མའི་ཞལ་རས།

ཡིད་ལ་འཁོར་འཁོར་བྱས་བྱུང་།

從那東山頂上，

升起潔白的月亮；

阿瑪的面容，

顯現在我的心上。

任何一首詩文，無論是古魯（道歌），或者雜魯（情歌），幾乎都有生成的緣起。語言的進化絕非朝夕成就，而語言本身最大的用途即抒發。關於抒發，也並不僅僅只是為了單純的表達訴求；更多的是為了表達情感，或者衍述各種內心深處的無法直白表達的想法。

　　文字和語言其實並不究竟，尚不足以圓滿、清晰的表達心靈。所以在文字和語言作為基本表達途徑的同時，其情感和生髮的緣起不能忽略，否則便會斷章取義或者明面誤裡。

　　尤其是倉央嘉措的詩文，並非是單純的文字表述。一個自小便輾轉在歷史、社會的並非完全自由，而又極具天賦、才華的喇嘛，在言語、行為相對受到約束的情況下，作出思鄉、抒情、求道、證果的詩文是再合適不過的。從門隅到拉薩，從俗世到佛門；所有的轉變未必是倉央嘉措本來就所期許和嚮往的。

一個人，即便是轉世的活佛，有時候也需要以世間法的方式演繹解脫。所有倉央嘉措的詩文，幾乎都是從這一首才開始完整說明了他自到布達拉宮和被解至青海湖中這將近十年的，人生中最賦風情的階段。

在首詩文中所提到的瑪頡阿碼，也有人譯成瑪姬阿米；這都是音譯，不必過於考究。因為，在倉央嘉措生平的歷史中，沒有一個真實叫做這個名字的女子。同時，也是因為在後人的觀念中希望有這樣一個女子真實的存在，這樣便顯得更加合乎世俗的情理。而事實上，這個稱呼並不是一個名字，而是一種形容，表達的意思是：像母親一樣慈悲、無私的有情有義的女子，像母親對待孩子一樣的對待自己。而事實上，在藏傳佛教的法脈傳承中，分別有自己不可否定的本尊，分為父續、母續和不二續。而本文中所提到的瑪頡阿瑪，事實上是指本尊。猶如母親一樣慈

悲的呵護，藏語習慣中用明月譬喻是很得體貼切的。所以，這一首確非情歌，而是祈請本尊加持的道歌。

2

ན་ཞིང་བཏབ་པའི་ལྱང་གཞོན།

ད་ལོ་སོག་མའི་ཕོན་ཚྭག།

ཕོ་གཞོན་རྒས་པའི་ལུས་པོ།

རྫ་གཞུ་ལས་ཀྱང་གྱོང་བ།།

去年種下的幼苗,

今年已成束禾;

青年哀老的身軀,

比那南弓更彎。

這一首詩文看上去非常的悽楚悲蒼，而文中的「哀老」並非個別翻譯的「衰老」。倉央嘉措從小接受經教和秉承觀念，對於不究竟的語言和文字的使用是格外講究的。在使用有限文字的同時，表達更深層次的思想。而做這首道歌時，他尚且是個少年，所以，文中的哀老是指心裡的悲痛和無奈。在表達了思念故鄉和父母的同時，道出了人生無常，應於看破的心聲。是留給世人的提示，也是對自己的勉勵。在當時那個時代，傳播文字和語言的途徑是印刷和民間熱巴（說唱藝人）為兩大主要方式。而印刷，主要是應用於經文和公文。並且，當時藏地的紙張是非常金貴的。更何況，倉央嘉措的大部分詩文都是以方便傳唱的體裁而書寫的。

　　就當時情況而言，要讓第巴桑結嘉措（當時西藏的最高權利者，也稱藏王）和其他官員認同他的想法和生活方式是決無可能的。另外，倉央嘉措的大部分詩文都是在外

有所感受之後，回布達拉宮寫下的。就道歌的發揚和傳播而言，從較早前的大成就者米勒日巴時期便開始了。倉央嘉措也很巧妙的使用了這種方式，而且，他在當時的拉薩城裡也有交情特殊的說唱藝人的忘年交。創作來自於不同的事物和人物，而當時傳唱他的道歌的藝人幾乎是同一位。這位說唱藝人因為和倉央嘉措有長期的相處和交流，能夠很好的理解倉央嘉措的詩文和情懷，所以傳唱起來非常貼切也非常得心應手。創作是對某種情懷的寄託，而傳唱需要對創作者的思想有相當程度的瞭解和默契。

3

རང་སེམས་སོང་བའི་མི་དེ།

གཏན་གྱི་མདུན་མར་བྱུང་ན།

རྒྱ་མཚོའི་གཏིང་ནས་ནོར་བུ།

ལོན་པ་དེ་དང་མཉམ་བྱུང་།།

心中愛慕的人兒，

若能長相廝守，

勝過從大海深處，

采得奇珍異寶。

這樣的詩文乍一看似乎非常暖心，也很煽情；但事實上只是在就著用世俗的習慣的方便，而表達珍惜緣分和福報的勸告。當然，在當時倉央嘉措也確實遇見過為之傾心的女子。這是非常正常的事情，一個年輕且才華橫溢的男子，如果對情感和風情沒有絲毫的動心，那麼所謂修行幾乎是不必要的了。如果已經完全斷除無明煩惱和見思煩惱，那幾乎是沒有任何起心動念的境界，已然是超越十地的菩薩了。

世人對情執和色執（色法，泛指物質）是格外深厚的，但是人們見異思遷的習氣更加深厚。無論是對事物和人物，總有著喜新擱舊的習慣。在佛教的觀念中，忠於真理始終如一是非常重要的。過多的揮霍人情和福報是堅決不可取的，因為人們培養福報是格外不易的。當福報一旦耗盡，所面臨的困境將分外痛苦。

4

འགྲོ་ཤོར་ལམ་བུའི་སྐྱིད་ཐུབ།

ལུས་དྲི་ཞིམ་པའི་བུ་མོ།

གཡུ་ཆུང་སྐྱ་དཀར་རྙེད་ནས།

སྐྱུར་བ་དེ་དང་འདྲ་བྱུང་།།

註定邂逅的姑娘，

身上散發著芳香，

如似白色的松石，

拾起卻又丟在路旁。

很有趣，倉央嘉措並不隱瞞對在拉薩城中那位女子有所動心。詩文也的確對人有所指，但他並沒有任由自己動心或衍生出對對方的情執。於是寫下這一段詩文，旨在告訴世人在修行的途中要仔細觀待，要超越情執。所謂「不負如來不負卿」的最好方法就是共同證道，脫離輪迴。從年齡上看，這對倉央嘉措而言是莫大的考驗。但是，有哪一位成就者不是衝破了重重的考驗和誘惑。

在家人很難想像出家人的生活和精神境界，由於信仰和人生觀的不同，所追求的自然也不相同。單純的以在家的世俗觀念理解一個出家人的行為，難免會有偏頗。尤其，在情愛方面，在家人通常以情為主導，而很難周全所謂愛（真正意義上自他相換和利他的慈悲）後果。而情本身是不斷波動，甚至隨時可能因為個人好惡和其他原因瞬間遷變的。所以，人們大多痛苦都是來自於情和情緒的困擾。

5

མི་ཆེན་དཔོན་པོའི་སྲས་མོ།

ཁ་འབྲས་མཚར་ལྭགས་བལྟས་ན།

ཁམ་སྟོང་མཐོན་པོའི་རྩེ་ནས།

འབྲས་བུ་སྨིན་པ་འདྲ་བྱུང་།།

顯貴高官家的小姐，

看她美麗的容貌，

好比熟透的果子，

高掛在樹梢。

我們對美好的事物總是格外的喜好，因為美就是美，無須要故作扭捏地邊偷窺邊否定。我們要大方、歡喜的看待美的事物，因為任何真實的美絕非是憑空顯現的。美麗的容貌是前世累積的福報，美好的事物是良善的前因所成就。正確的欣賞是對美好事物的隨喜和恭敬，不應該貪著於此。這是倉央嘉措對自己和世人的提示，也是對美的態度。

　　人們追求美的事物是無須抨擊的，而真正意義上的美是來自於「德」的反映。人的美是人的德性的投射，事物的美也是事物本身合理的表現。以掩飾醜陋和敗壞而造作出來的美是虛偽的，很難經得起考證和時光地檢驗。而對待醜陋和敗壞，我們可以參照美的由來而儘量改變。這種改變，從行為上來說是修正；從本質上來說就是修行。

6

ཤེས་པ་ཕར་ལ་ཕོར་ནས།

མཚན་མོའི་གཉིད་ཐེབས་གཏུག་གིས།

ཉིན་མོ་ལག་ཏུ་མ་ལོན།

ཡིད་ཐང་ཆད་རོགས་ཡིན་པས།

　　自從見到那人兒，

　　黑夜再難安睡；

　　當時未能纏綿，

　　想得人身心疲倦。

顛倒夢想，是這世上最常有的事兒了。所以，這一首詩文主要表達的是：修行不是容易的事，與上師的教誨以及和本尊的相應也離不開清淨的心相續。

文中所說的「那人兒」，是拉薩城中所見到的姑娘。但是，並不是倉央嘉措對姑娘本身起了念頭，而是借由這位姑娘而引發了對修行的思考。我們不要一味否定其他事物和人物的存在，因為每一個人和每一樣事物都能夠帶給我們許多的思考和佐證。乃至於我們對待生活和生命的經驗，往往也是因為有過來自對境、人、事、物所提供的參照。

尊重任何事物和人物的出現、存在，把自己變成對任何人和事物都沒有傷害和對立也是修行。而最好的修行，莫過於生活。以入世的態度，修出世的解脫，得羅漢果。以為利眾生願成佛的態度，再入世的是菩薩。所以，眾生是平等的，世事是無常的，不要因為一時的眼界現象而深陷煩惱、困惑。

7

མེ་ཏོག་ནམ་ཟླ་ཡལ་སོང་།

གཡུ་སྦྲང་སེམས་པ་མ་སྐྱོ།

བྱམས་པའི་ལས་འཕྲོ་ཟད་པར།

ང་ནི་སྐྱོ་རྒྱུ་མེ་འདུག།

已過了花開時光，

蜂兒何必憂傷；

同伊人因緣盡時，

我亦不必悲傷。

隨緣是佛教觀念中重要的修持，不必刻意地攀緣。隨緣便容易達成隨喜，而攀緣很容易產生造作。一切隨緣的心通常是柔軟而歡喜的，因為懂得讚歎。讚歎其實並不簡單，那是對自我迷戀和傲慢的對治。一個懂得誠實讚歎的人，同樣也是值得讚歎的。而攀緣是對對境的貪婪和羨慕所衍生的心境，這意味著不誠實和造作地超越。

對於現象，人們很容易迅速產生對比和偏執。對於自己所不具備的和對方已經具備的，產生了仰慕和刻意親近之後，通常是對自己的不滿和對對方私下的嫉妒。這樣很容易演變成嗔恨和誹謗，甚至想要佔有或剝奪對方所擁有的而自己正在羨慕的。

在俗世中，人們對待情感也很容易出現這樣的狀況。于人交好時，凡事方便；于人交惡時，凡事障礙。仰慕一個人便設法接近對方，不惜巧言令色；一旦失敗，便開始抨擊報復。所以，違緣是產生煩惱和痛苦的根患。

8

རྩེ་ཐོག་བ་མོའི་ལ་ལ། །

སྐྱི་སེར་རླུང་གི་ཕོ་ཉ། །

མེ་ཏོག་སྦྲང་བུ་གཉིས་ཀྱི། །

འབྲལ་མཚམས་བྱེད་མཁན་ཁོས་ཡིན།། །།

草尖上的嚴霜，

是那寒風的使者；

拆散花與蜂的蛹者，

一定是它。

這一首詩文是非常無奈的，倉央嘉措目睹並理解第巴的行為。在當時的情況下，倉央嘉措只能儘量安靜地生活在布達拉宮。第巴和蒙古勢力的較量，以及自身因權力而帶了的諸多煩惱和危險是極其嚴峻的。即便是倉央嘉措在生活、行為上也受到第巴的約束，也正是因為這樣才有了倉央嘉措取假名來往於拉薩城裡的緣故。

　　詩文是勸導人們隨境而安，也是寬慰自己以逆來順受的方式修持佛法。倉央嘉措的父母因種種原因，夫妻選擇了患難與共流浪到門隅地區。在門隅生下倉央嘉措，而又因被認證為五世達賴喇嘛的轉世，倉央嘉措九歲是便不得不和家人分開。就連母親往生也沒能回去送那最後一程，母親是個非常善良而無私女人。在倉央嘉措的父親往生後一直一個人照料一切，包括教育倉央嘉措。而這個偉大的母親確實是因為思念兒子而離世的，思念一個人到死，卻沒有因為個人的思念而去打擾在寺院學習的兒子。這樣的

母親，是夜空中的月亮。

　　倉央嘉措的童年，尤其是少年時期是孤獨的，甚至是不幸的。在寺院學習時結識了他人生中第一個女性的朋友，二人相互愛護對方。他們年齡相仿，而且都是對方唯一的異性朋友。那種感覺超越所謂的愛情和欣賞，值得人一輩子懷念。就好像在漫長的旅途中，相互遇見幾乎唯一可以遇見的同行者。那應該被珍惜，更應該好好地對待。

　　到了拉薩以後，對倉央嘉措而言，一切都是陌生和嶄新的開始。他起初並不在意自己是不是六世達賴喇嘛，甚至不希望自己是個必須要出家修行的活佛。這不難理解，也不需要過多揣測。尤其是第巴對他的約束，乃至無禮、苛刻，他最終選擇了理解。

9

ངང་པ་འདམ་ལ་ཆགས་ནས།

རེ་ཞིག་སྡོད་དགོས་བསམས་ཀྱང་།

མཚོ་མོ་དར་ཁ་འཁྱགས་ནས།

རང་སེམས་ཁོ་ཐག་ཆོད་སོང་།

野鵝愛上葦蕩，

想要稍駐一時；

無奈冰封了湖面，

這心願只得作罷。

紅牆之中是權力，但也是倉央嘉措的痛苦。在那時，布達拉宮對於倉央嘉措而言是極具窒息感的所在。倉央嘉措在浪卡了受戒是曾公然要求放棄自己六世達賴的名分地位，也一度使班禪和第巴驚慌。而這是個極其特別的事件，並不是一個出家僧人要放棄修行，相反，對一個出家人來說這是最大的追求。而導致當時倉央嘉措反抗的原因其實是非常複雜的，這與他的成長背景和環境有關，更何況那時他還只是一個少年。在當時的社會條件下，一個十五歲的少年已經進入青春期階段。

藏民族的大環境人文是真摯奔放的，即便是門巴地區也是循照藏族文化而生活。另外，一個情懷乍開的年齡，對那些看似美妙的世俗情結也是再所難免萌動著。更何況，離開錯那的寺院時，他並沒有機會向那位瓊結的姑娘道別。同時，也不知道那位與他情投意契的姑娘被告知將來永遠不許接近倉央嘉措。在錯那學習的那段時間裡，倉

央嘉措是一位轉世的活佛，也是迫別家鄉，失去最後一個的親人的一個孤獨的少年。

　　那滿腹的惆悵，只有那位瓊結的姑娘給了他安慰和純潔的呵護。即便是凡夫，也懂得感激；更何況一位喇嘛。那是比凡夫更加有情有義的心靈，即便是凡情要轉化為佛心，也需要些時光。還有一個特殊的背景，起初倉央嘉措的父母所信奉的是寧瑪派，而那時寧瑪派也並沒有絕對禁止僧人婚配。藏傳佛教到了宗喀吧大師創立格魯派時，才立戒出家僧人禁止婚配。同時，其他教派也先後認同並護持了該戒律。

　　在那樣一個特殊的環境中，一個特殊的年代，一個特別的人，一段特別的時光，發生特別的事情也就並不出格越界了。嚴格來說，那是一段格外值得同情和理解的事情。但最終，倉央嘉措也只能釋懷於種種無奈之下。值得欣慰的時，他與世人共勉了隨緣和放下的智慧。

流浪的菩薩

10

གྲུ་ཁན་ཤེམས་པ་མེད་ཀྱང་།

རྟ་མགོས་ཕྱི་མིག་བལྟས་བྱུང་།

ཁྲེལ་གཞུང་མེད་པའི་བྱམས་པས།

ང་ལ་ཕྱི་མིག་མི་ལྟ།།

渡船雖然無心，

馬頭卻能向後看人；

無情無義的人，

再不回頭看我。

詩文乍看似乎略覺得有些不甘，然而恰恰相反。大多數人以為這是一首典型的藏族情歌，表達了對移情別戀的情人地無奈和落寞。但事實上，是倉央嘉措借由上口朗朗的方便所寫的道歌。主要表達的意義是脫離輪迴與長樂吾淨，在佛教經典中以船、筏譬喻的例子很多。

　　在娑婆世界起心動念是造作風浪的因，而解脫便是要渡過眼前的苦海。文中那句無情無義，恰恰不是世人誤以為冷漠的決然，而是時刻教化和淬煉凡心的對境。就猶如出家的法師常說的「痛苦是世人渴望解脫的嚮導。」

　　在藏族的渡船上，幾乎都刻著一個向後的馬頭。那是一種祝福和隱語，象徵歸來、平安、牽掛，也象徵著將帶回好消息和收穫。這正是世俗輪迴的表現，在佛教中脫離輪迴、證道成佛是修行的最高發心，而證道之後再入世度化眾人則是不退的慈悲。

　　此詩文用於譬喻若無心可動，便無事相安的道理。

11

ང་དང་ཚོང་འདུས་བུ་མོའི།

ཚིག་གསུམ་དམ་བཅའི་མདུད་པ།

ཁུ་བོའི་སྦྲུལ་ལ་མ་རྒྱབ།

རང་རང་ས་ལ་གྲོལ་སོང་།

我與世上的女子，

用三字做成同心的結；

沒有解錐能拆，

卻在地上自己散開。

三字結，是指咒語「ong、a、hong」發音的三字真言咒子。除此自外，任何臆測和附贅都是不確實的。這是對修持佛法無比堅定的態度和信心，是沒有什麼事物和障礙可以遮止破壞的。而對於文中所提到的女子，其實是隱約一切有緣眾生。在倉央嘉措的詩文中，有許多泛指廣大而非某一人的名詞、稱謂的用辭。把「我」放在開頭是常規語法的使用，也可以使人有共鳴感；把「女子」放在第一句中，是為表達自己對女子的感激；同時，也容易在傳唱中是人產生聆聽的興趣。

自從倉央嘉措的母親過世之後，給予他安慰、呵護和支持的人，除了他那位早早便分別的小夥伴之外，幾乎都是女性；在加上，自從他被認證為轉世之後，給予他壓力和束縛感的幾乎都是男性；如此以來，常常引用女子這一類的稱謂是很自然的事情了。更何況，他的前半生中發生的重大事情，無論是歡樂的還是悲傷的，幾乎都與女性有

著莫大的關係。但是，這決不意味著他是一位泛情的喇嘛。只是，反而更能夠說明他是一個有情義的人。一切修行都離不開世間法，而修行並不是要冷漠的對待一切人情世故。懂得愛是勇於付出和擔當的體現，但這也不是指世俗的狹隘的唯男女之間的情執。

佛、菩薩更愛世人，但是是基於智慧、空性的，純粹以度化為唯一目的的愛。凡夫的愛也並非相形之下變得不堪了，而是夾雜了太多個人和好惡、情緒、欲望和執著。所以，凡夫的愛，通常都在潛意識中挾裹企圖；比如貪戀對方的容貌、才華、地位等等，這些是立相而有的種種執著。在這樣的執著中，難免有偏見、邪見、身見、見取見等極不穩定而有極易生變的觀念。

人世間，最常見的問題，大多根本起源於男女之間的情感杯葛。這樣的杯葛中有會衍生出關於財、色、食、名、睡的相關問題，並且任何一個問題都很可能引發出其

他幾個問題。所以，處理世俗情感是最為棘手的，最需要

智慧的，也是最考驗人的。

流浪的菩薩

12

ཆུང་འདྲིས་བྱམས་པའི་རླུང་བསྐྱེད།

ལྕང་མའི་ལོ་གས་ལ་བཏུགས་ཡོད།

ལྕང་སྲུང་ཨ་ཇོ་ཞལ་ངོས།

རྡོ་ཀ་རྒྱག་པ་མ་གནང་།།

為愛人祈福的幡幢，

掛在柳樹梢上；

看守柳樹的小哥，

請莫用石頭打它。

無需要任何的爭辯或偏袒，這一首詩文中提到的「愛人」確有其人。這位姑娘正是倉央嘉措在人生最痛苦的那段時間，也就是他的母親過世後，他在錯那的寺院學習時結識的那位從瓊結遷來的姑娘。他們年齡相仿，兩個人幾乎是一見鍾情。期間也發生了許多暖人心扉的事情，也還是激發倉央嘉措抒寫詩文的人。應該說倉央嘉措的第一首詩文就是獻給她的，也是因為她才開始習慣寄託心思于詩文。而那時，他的詩文就已經被一位流浪的熱巴所青睞，無論是音轍還是意境都堪稱妙品。

　　倉央嘉措在文學上的造詣，在十五歲前幾乎超越他的佛學水準。也正是經歷了那許多的不幸和痛苦，才奠定了他重回佛道力求成就而誓度眾生的大悲之心。當然，這樣說也並非是指他曾經迷失；而是他經歷了更多的考驗和磨練，能夠從諸多考驗和痛苦中主動而自覺的醒悟的人不多。

這段詩文是倉央嘉措離開錯那，被迎請到拉薩之前所寫下的。是對那位瓊結姑娘的感激和祝福，當時沒有太多的隱喻在詩文中。那是非常純潔的祝福，在佛教觀念中，為他人祈福是非常真摯的事情。需要自己身體力行地做一些必要而正確的事情，為他人祈求喜樂、吉祥。這樣的舉動在佛教中常常出現，與世俗口頭的寒暄和口語式的祝福有著本質上的區別。

　　當時，隨著時光的演變，事物都在發生著變化；包括人的心境和觀念也都隨之而悄悄地變化。到了後來，再讀這段詩文時會體會到當初種下的種子已經發芽；不再僅僅只是對某一個人的祝福，而是借由某一個人的名義祝福無量的大眾。這樣的說法看似牽強，但這也正是出家僧人的慈悲與世俗「慈悲」的區別所在。

　　倉央嘉措在被認證之前，也是受人間煙火養育成長。而對世間情懷的習慣和眷顧也是無可厚非的，在當時還不

適合把一個孩童純真的心思與聖人和佛、菩薩相比較。如果沒有經歷過世俗的歷練，即便是想要給予眾生呵護，也無從著手。更何況，活佛的一生本來也就是示現而供世人參學的演繹榜樣。

13

བྲིས་པའི་ཡི་གེ་ནག་ཆུང་།

ཆུ་དང་ཐིགས་པས་འཇིག་སོང་།

མ་བྲིས་སེམས་ཀྱི་རི་མོ།

ཤུབ་ཀྱང་གསུབ་རྒྱུ་མི་འདུག།།

紙上黑色的字跡，

已被雨水浸滅；

未曾寫出的心跡，

始終無從拭去。

萬法唯心造，應作如是觀；人們在對待自己人生時，通常會因為外界事物的作用而對事物出現的形態而忽略了事物生成的根本。人們不計根因而糾究事物表像，事物便猶如浮在水面的水草。水草安身與何處，只能聽憑風浪和水流的安排。事物失去了掌控，人的情緒也會隨之波動。這樣的情況很容易使人生起煩惱，而煩惱會遮止生成不易的希望和歡喜。

　　本段詩文很清楚的表達了倉央嘉措對凡心造作一切法的警惕，同時也是在反映當時西藏政府深陷各種權利鬥爭的現況。在權貴和各方勢力的角逐中，倉央嘉措想做一個平凡的人。在當時他的想法中，平靜的與某一位情投意合的女子過著簡單普通的生活，同樣也不耽擱他修持佛法。而歷史往往無法盡隨人願，也正是那樣的歷史和背景才會催生出那樣的想法。于情於理都可以被理解的，不能因為他是轉世的活佛就必須以主觀、片面的觀念而扼殺他與世

俗的關係。

　　自從吞彌發明藏文開始，藏人就多了一種抒發情感的
途徑。而當時的藏文化是相對簡單的，文字的喻情方法也
相對單一。在中原，漢文化之所以如繁花星辰般燦爛，是
應該漢字為文人墨客提供了非常多的便利。隨便找出一位
著名詩人的詩文，都可以看到時而華麗，時而委婉的辭
彙。充滿遐想的用詞，總是能給予不同處境的人以不同的
感受。文字的美，就美在餘地。而這是藏文所無法兼顧的
地方，所以以藏族文字和語言表達事物和抒發情感，通常
都相對簡潔單一，在無法透徹表達時，選擇用常見的事物
作為比喻成了一種方便。

流浪的菩薩

14

རྒྱབ་པའི་ནག་ཆུང་ཐེ་ཚུས།

གསུང་སྐད་འབྱིན་ནི་མི་ཤེས།

ཁྲེལ་དང་གཞུང་གི་ཐེའུ།

སོ་སོའི་སེམས་ལ་སྐྱོན་དང་།།

浮在紙上的印章，

無法吐露衷腸；

請把信義的章子，

打在自己心上。

和上一首詩文相比，這一首似乎稍稍地煽情了一些。但這恰巧是後世對六世誤解，因為詩文體裁和涉及人物、事物但凡有所增加或區別，後人就很本能的聯想到倉央嘉措由遇到了新的人物和事物。常理上說，沒有任何一種感情和作為是平白無故出現的。但是，在那樣一個枯乏背景中，連續性的生髮出感觸是再平常不過的了。就好像現在社會，一個久不出門的人會反復用一件事物或道具填補空缺。也好像一個四處遊走的人，常常會觸景生情地發出些感慨。

這一段詩文其實是在鞏固上一首詩文的要義 ---- 以凡心證道，以道心修正凡心。這裡不涉及其他人和事物，卻滿含對世俗的期許。在倉央嘉措的觀念中，如果人們都能夠以清淨心慈悲地對待所有人和事物，那麼許多常常伴隨人們的煩惱和痛苦就會大大減少。但是這樣的觀念不是依靠旁人不斷地敲打和提醒，而應該是自己主動的生起並保持。

15

སྟོབས་ལྡན་ཧ་ལོའི་མེ་ཏོག །

མཆོད་པའི་རྫས་ལ་ཕེབས་ན། །

གཞུ་སྦྲང་གཞོན་ནུ་ང་ཡང་། །

ལྷ་ཁང་ནང་ལ་ཁྲིད་དང་། །

茁碩的蜀葵花，

若能做敬神的供品；

請把年幼的蜂兒，

也帶到佛堂去吧。

文中提到佛堂，人們的眼神和心也就自然想到了修行和佛殿。蜀葵花是藏地一種植物，植物是在有情範疇之外的。因為「它們」沒有「心」和情緒，也不會造作出嗔恨，所有不屬於有情。而在此處，並非是對非有情事物的蔑視或不屑。反倒是希望自己也能夠守住自己的心，不要造作任何不必要的想法。同時，也是對上師的祈請，祈請上師幫助自己護念，力求在修持上勇猛精進。

在那時，倉央嘉措已經在拉薩生活了一段時間。那段時間對他來說，並不像人們想像中的那樣愜意、快活。在後人的映射中，倉央嘉措一度在布達拉宮下面的拉薩城裡肆酒歌舞。同時，又接觸到不同的女子，發生了一段段男人與女人之間的風流韻事。但是，那些大多都是訛傳。在當時，倉央嘉措沒有那麼多的閒情逸致去飲酒作樂。麻痺和逃避現實的成分，或許多少有一些；但這並非他主觀意識上想要做的事情。在布達拉宮裡，他幾乎形同一個擺

設。一個僧人，無法在寺院中與其他僧人共同修行和交流。一個雪域之王，只剩下一個所謂的名分。一個才華橫溢的少年，只能對這厚重的宮牆和王權爭鬥的虛偽。就連言語和行動都不是自由的，那樣的生活是常人無法忍受的。

　　有些人懂得欣賞花兒的美麗，靜靜地感受它的芬芳。有些人則想要摘下花兒，將美麗芬芳掌握在自己手裡。同樣的對境，不同的觀念，其結果一定大相徑庭。就好比倉央嘉措，人們更願意相信他與許多女子的風流韻事是真實的。這並不意味著對他當時處境的理解，而是在潛意識中允許自己也渴望自己遇到那樣的事兒。如果真是那樣，人們又何嘗不是為自己尋找理由和籍口。所以，在對古人的懷念中，始終有許多關乎人性和常情的附著。因為，人們習慣在他人身上尋找自己，有時又習慣在自己身上否定他人。

　　這些都不是什麼羞恥的事兒，這是常情。

流浪的菩薩

16

ཤེམས་སོང་བྱམས་པ་མི་བཞུགས།

ལྷ་ཆོས་བྱེད་ལ་ཕེབས་ན།

ཕོ་གཞོན་ང་ཡང་མི་སྡོད།

རི་ཁྲོད་ཕུག་ལ་ཐལ་འགྲོ།།

意中的女子啊，

若要修持佛法；

我少年也不在此，

應去深山嚴洞。

終於，倉央嘉措道出了自己壓抑以久的心聲。他想要告別於當下的生活和環境，並不是因為某位女子傷了他的心。相反，他更渴望自己能夠早日成就，也好度脫那些對他賦以真情的人。倉央嘉措在拉薩城裡確實相識了非常美麗而又善良的女子，可他自己清楚的知道，那不是他所能夠以一己之力可以圓滿的事情。他無法給予對方除了精神之外的任何關照，也無法使對方脫離當下的悲傷和過去的不幸。

倉央嘉措深知眼下的情況並非長久之計，即擔心第巴發現自己的行為，也擔心女子為此受到牽連。同時，他對布達拉宮的生活已經開始有所悲觀。就一個修行者而言，那裡不是最好的修行場所。雖然修行者不在意環境，但是那樣的一個環境確實是無法使他安心修行。關於詩文中的女子，也隱喻了他渴望得到空行母幫助。

蠟燭燃燒在人間，能為世人照亮希望。火把燃燒在荒野，只是在剝奪蟲子對夜色的需求。

17

མཚན་ལྡན་བླ་མའི་དྲུང་དུ།

སེམས་འཁྲིད་ཞུ་བར་ཕྱིན་པས།

སེམས་པ་སྐོར་ཀྱང་མི་ཐུབ།

བྱམས་པའི་ཕྱོགས་ལ་ཤོར་སོང་།།

心向具格上師的座前，

求他為我指點；

而這迷亂的心，

卻漂到戀人的身邊。

一個正確的立場，對一件必須要面對的事物是無比關鍵的。對於當時的倉央嘉措而言，有些許困擾和煩惱是在所難免的。

　　在他到達拉薩以後，所有能姑且稱之為快樂的時光，幾乎都是在紅牆之外的拉薩城裡。但是從表面上看，他在拉薩城裡所作所為都是無關修行的世俗行徑。作為一個喇嘛，修行是自己的本事。可是，快樂的事物讓每個人都會流連忘返。所以，在回到紅宮的佛堂裡修行時，便經常受到記憶的干擾。

　　於是，倉央嘉措在心裡祈請上師加持，讓自己能夠擺脫妄念，安心修持。這樣的詩文是對自己所存在的問題的檢視和警惕，也是勉勵所有修行的人要突破種種障礙。道心想要建立起來是件不容易的事情，而道心生長過程中的渙散是極其容易的。

18

སྒོམ་པ་བླ་མའི་ཞལ་རས།

ཡིད་ལ་འཆར་རྒྱུ་མི་འདུག།

མ་སྒོམ་བྱམས་པའི་ཞལ་རས།

ཡིད་ལ་ལྷ་ལེ་ལྷུ་ལེ།།

觀想上師的尊面，

心中卻無法顯現；

不料那情人的臉兒，

卻又清晰地浮現。

五欲六塵是修持佛法中最為廣泛的障礙，幾乎無處不在。人生，是人在娑婆世界的象徵。任何人在生命的過程中，都是時刻在各種欲望和感受中進行。究竟是要遠離這些？還是要化解這些？遠離是無奈被動的，也是極不情願的。任何在無奈的條件下所放棄的事物，幾乎都不曾真正從記憶中消失。一旦想起，各種感觸便蜂擁而至，再次拷問和折磨自己渴望快樂的心。而所謂的轉化，也決不是輕而易舉的事情。

　　我們何嘗不是時刻和選擇做這各種各樣地鬥爭，也正是這種種的鬥爭使人們逐漸的意識到錯誤和趨向對真理的渴望。修行是非常值得欽佩的事情，所以僧人是世俗欲求解脫的榜樣。而佛、菩薩是診人痛患的醫者，準確的診斷出病因和病灶並施以解救的方法。而佛法，便是諸佛、菩薩所開出的藥方。至於痛患者是否願意遵照醫囑，那便是個人的因緣、智慧與福報的事了。本段詩文正是六世開給自己和大眾的方子，能否領會還是要看緣分了。

19

ཤེས་པ་འདི་ལ་འགྲོ་འགྲོ།

དལ་བའི་ཆོས་ལ་ཕྱིན་ན།

ཚེ་གཅིག་ལུས་གཅིག་ཉིད་ལ།

སངས་རྒྱས་ཐོབ་པ་འདུག་གོ།།།

若以此等精誠，

安于修持佛法；

只在今生此世，

便可即身成佛。

倉央嘉措的良苦用心其實是非常深刻的，他經常以第一人稱的自己比喻一些世間不利的事物和行為。一般人，通常只會絞盡腦汁的為自己爭得美名和利益。這種經常假定使用自己作為對境的方法，多數人不太願意如此冒險。

　　就本段詩文而言，是非常巧妙的道歌。完整的闡述了一件事物，論點、論據、引導和勉勵都充分具足。尤其是在藏地，密宗有特殊的修持方法，也就是即身成佛的修行法門。對於許多的出家僧人，以及在家的修行人來說，即身成佛是無上的追求。但這並不是容易的事，密宗的修持方法是極其嚴格和謹慎的。同時，嚴格依照不同的根器、傳承、程度和因緣進行相應的修行。

　　密宗，並不是泛泛認知中的持咒、經懺、灌頂等法事活動。一個合格的僧人，所要學習的經典和持受的戒律是非常嚴格的。即便是凡夫，始終堅持不懈地做一件正確的事情，也會成為業界的專家和成就者。

20

དག་པ་ཤེལ་རེ་སྣང་ཆུ།

ཀླུ་བདུད་རྡོ་རྗེ་ཟིལ་པ།

བདུད་རྩི་སྨན་གྱི་ཕབ་རྐྱེན།

ཆང་མ་ཡེ་ཤེས་མཁའ་འགྲོ།

དམ་ཚིག་གཙང་མས་བཏུང་ན།

ངན་སོང་གྲྱོང་དགྲོས་མི་འདུག།

純淨的雪水，

和著蕩鈴葉上的甘露，

釀成美酒；

智慧的天女以聖潔的誓言飲下，

不會墮落三途。

美酒與甘露，天女與三途；看上去十分的矛盾，甚至乍讀起來覺得很是糾纏。其實，這是倉央嘉措提示了方便、開戒和發心。佛教的戒律也並非不近人情，在一些可以善巧方便的情況下會儘量不給他人徒生麻煩。當然，這些指的是一般情況下如食物、衣物等物質和在家習俗等方面。而僧人本身應該持守的根本戒律是決不允許突破的，相應懲罰的責律也格外吃重。

　　在拉薩城裡，倉央嘉措是一個喬裝的公子。飲酒是在所難免的，有時候借酒消愁也很正常。但是，通常借酒消愁很容易演變成借酒澆愁；抽刀斷水是徒勞無功的事情，倉央嘉措不是不明白這些道理。在當時的社會背景下，酒館是各類人聚集的地方，以酒會友是常有的事兒。如果小酌些許，再唱段看似情歌的道歌，那就有所不同了。倉央嘉措後來一段時間在拉薩城裡飲酒，並不是為了買醉，更多的是抒發情感和借酒放歌。

在拉薩，不喝酒的公子是不正常的。倉央嘉措不能冒著被人認出的風險，那是非常危險的。他深知當時社會階級制度和權利鬥爭的危險性，而一切與之有所來往的宮牆之外的人幾乎都是第巴所不能接受的。

發心，就一個人對事物的動機是那麼的重要；那等同一個人要去往某處時，必須先認清楚正確的方向。一切正確的方向都是以善為根本，只要那樣事物的結果才有相對善的保障。而慈悲的發心還需要有智慧的徑行，善巧的方便是願心發生過程中不可或缺的智慧。如那醇烈的酒，若非是予醉的心，而視為甘露般的，且啟了咒語加持不至枉亂地飲下，也就不會造作了墮落三個惡道的因；這便是隱喻發心。

那時的拉薩，酒館總是格外的熱鬧。消遣時光的閒人，打發心思的憂人，買醉的酒鬼，解乏的商客，還有春心作祟的浪蕩客，堆聚一團。而倉央嘉措卻不屬於上述類

別的範疇，他只是被寂寞騷擾了的孤獨的青年。那樣像洪

水猛獸般的孤獨險些蒙蔽了他求道的心，但他並沒有沉淪

墮落。因為，他未以誓言而造就藉口。

流浪的菩薩

21

ཀླུང་རྟ་ཡར་འགྲོ་དུས་ལ།

ཀླུང་བསྐྱེད་དར་ལྕོག་བཙུགས་པས།

མཇོངས་མ་མ་བཟང་བུ་མོས།

མགྲོན་པོ་ང་ལ་བོས་བྱུང་།།

豎起祈福的經幡，

當下時來運轉；

有一位名門才女，

請我去她家中赴宴。

藏人好客，但毫無緣由地請人赴宴是不尋常的。尤其在當時鴻溝巨壑般的階級立場中，名門府第邀請的客人，怎麼會是那看似不羈的外鄉人？這便是需要思維的事情了。

希求得償，是所願生起時那虔誠祈禱的成果。尤其是在佛法上的成就，不但是福德具足的表現，這其中護法的功德同樣不能或缺。詩文中的名門，其實是指莊嚴的佛；才女則是指威德的本尊或空行；所謂家中赴宴便清晰可知了。

似乎，倉央嘉措的詩文中經常出現女子這個詞彙。而詩文一旦有了女子的點綴，總是略帶著些風花雪月的氣氛。若是再有丁點的憂愁，就更使得人心酥口綿。這不正是人們所喜歡的嗎？像石頭一樣的詩文，沒有熱巴樂意唱，更沒有人樂意聽。但是，聽懂了的都是有心的有緣人。而那些湊熱鬧的人，誰斷定他們只能一直茫然下去？

那些道歌何嘗不是一種發心和善巧智慧。

22

སོ་དཀར་སྒྲགས་པའི་འཛུམ་མདངས།

བཞུགས་གྲལ་སྐྱི་ལ་བལྟས་ན།

མིག་ཟུར་ཁ་མོའི་སྐྱིལ་མཚམས།

གཞོན་པའི་གདོང་ལ་བལྟས་བྱུང་།།

在露著白齒微笑的女子中，

四下打量；

有一個美人羞澀的目光，

悄悄停留在我的臉上。

又是女子接連出現的時刻，還帶著微微露齒的笑容。誰人看了不動心，更何況你張望到她時，發現她已經打量你多時。請問，這究竟是誰在窺視誰？這樣的問題，一旦開始思考，成群的鹿兒頓時四下奔竄。若是你我遭遇到這種情形，在心裡不做漣漪恐怕是分外罕見。如果一個是英俊瀟灑，一個是貌美如花，仍無動盪，那是羨煞旁人，定罵了不解風情的傻瓜。凡心可愛，凡情可待；若不是心有忠貞，怎麼會烈火止於乾柴。

這事兒如果擱在現代，結果只有兩個 ---- 要麼熊熊熱烈地一通燃燒，要麼是懊惱慘烈地抱怨。但是，這一首詩文根本就不是我們所想的那麼回事兒。倉央嘉措就是那麼瞭解凡夫的心，就是這樣的詩文能夠流傳下來。他就是知道有人能夠明白他的用心，明白佛法道心的彌足珍貴。因為詩文所抒發的是見到上師的喜悅，對於一個修行者來說，就好像一個少年見到夢寐以求的女子；又好像芳心綻

放的女子，見到魂牽夢縈的情郎。之所以是那麼巧合地相互的打量，即便是相互悄然不經意地融入對方正在尋找的目光，那也是不一不異的暗喻。

　　眼神如果可以躍出一紙之外，那平凡的境界便開始出現生機。心思如果能超越凡情，世俗也可以變的美滿。紅塵自古是修心的寶地，不要只看了風景而誤解了風情。歸去的途中，已是大雪紛飛；耽擱了時辰，恐怕滿眼皚皚沒了道徑。

流浪的菩薩

23

དུ་ཅང་སེམས་ལ་སོང་ནས།

འགྲོག་འདྲིས་ཨེ་ཡོང་དྲིས་པས།

འཆི་བྲལ་བྱེད་ན་མིན་པ།

གསོན་བྲལ་མི་བྱེད་གསུངས་བྱུང་།།

愛已生根在心地，

問她是否願做終生伴侶；

她說除非死別，

絕不生離。

太考驗人心了，詩文寫的悲壯而溫柔。這端讀著詩文的人兒，更是百感交集。澎湃了心潮，就為敬那生死與共的綿意豪情。若是以如是之心敬了佛法正道，那將如何？這正是倉央嘉措留下的祝福和隱喻。

由於用了許多關於愛、女子、愛人兒等等這類勾人魂魄的字眼，在倉央嘉措的詩文中反復地出現，極易使人誤會。但倘若，世人真能如此對待自己心愛的人兒，那也應當使人欽佩才是。可如今這世道，昨天的誓言已經在清晨時被遺忘。今天又發下同樣的誓言，但聽眾已非昨日之人了。

眼見了那麼多人世間的悲歡離合，再矢志不渝的愛也有離別的時刻。如果真是要長相廝守，那就用這有限的人生和無常的生命，依靠智慧、佛法從輪回中解脫，回到極樂世界，再無悲傷離別。故，依止三寶，才是此詩文本意。

24

མཛངས་མའི་ཕུགས་དང་བསྟུན་ན།

ཚེ་འདི་ཆོས་སྐལ་ཆད་འགྲོ།

དབེན་པའི་རི་ཁྲོད་འགྲིམས་ན།

བུ་མོའི་ཕུགས་དང་འགལ་འགྲོ།།

若依她的心意，

將斷了今生法緣；

如去深山修行，

又違了姑娘心願。

如果，這個世界沒有女人，那麼，男人的存在就是個神話。紅顏，並非某人口中的禍水；更不是毀壞了誰人求道之心的魔鬼。我們曾是那麼的渴望有個女人不離不棄的相隨在身邊，我們又何嘗不是受了來自女人的莫大恩惠。如若對女人存在主觀意識上的蔑視，那無非是對自己變相的鄙視。

　　從世尊到彌勒菩薩，再到無著、世親、阿底峽等諸位菩薩和先賢大德處，佛教一直傳承著「知母、念恩、報恩」的心相續。這不止是對佛教觀念中所謂「平等」的贊同，更是人不失慈心、悲心、增上意樂，乃至生髮菩提心的根本。從漢地佛教各宗中均能看到人性對母親的無上崇敬和依賴，就連許多菩薩像也應運塑造成了女性的模樣。在藏傳佛教中，幾乎每個人都願意視一切眾生曾為己母的觀念；所以，他們不去傷害眾生，即便是遇到一隻往生在路邊的蟲子，也會為其誦一段助其解脫的經文。

也許，我們慢慢明白了倉央嘉措常用女子之類詞彙的用意了。那是無比柔軟的，像涓涓的流水滋養著生命。這是恒順有情，而又無住生心的示現和期許。凡夫並非無情，只是無明。人們有時候寧願消耗比友善倍甚的力氣去憎恨和傷害，也不願意把煩惱化做喜樂和菩提。

　　我們太過勇敢，冒著各種各樣的風險去追求那些終將失去的東西。我們太過頑強，有意無意地忘記了那些我們本該珍惜的平凡。最終，我們失去力氣，甚至機會；無奈的只能等待奇跡。歎息著，窺見隨緣即善的道理。

　　而這首詩文在清朝晚期，出現過另外一個版本「曾慮多情損梵行，入山又恐別傾城；世間安得雙全法，不負如來不負卿。」這個版本似乎更容易使人動容，但是這樣的七言律詩並不符合藏文運用。而倉央嘉措是在從未接觸漢文詩賦之前，尚且還在拉薩時寫下的前文。無論如何，其大意相差甚微。

流浪的菩薩

25

གཏན་གྲོགས་ཕྱིད་ལ་བསམས་པའི།

ཁྲེལ་དང་ངོ་ཚ་མེད་ན།

མགོ་ལ་རྒྱུབ་པའི་གཡུག་གཡུས།

སྐད་ཆ་བཤད་ནི་མི་ཤེས།།

你呀，

這傾心的伴侶；

若真是負心失義，

那頭髻上的松石，

也不會告密。

伴侶，倉央嘉措很少用到這個詞。難道是在某個特定的情況下，真的出現了某位使那個拉薩城裡的公子不在「心猿意馬」人嗎？絕非如此，如果是那樣，就沒有後來的倉央嘉措，也就沒有這些流傳了幾百年的道歌了。上一首詩文已經清楚的說明了無住生心而恒順有情隨緣度化的態度，而隨緣也並非隨意的滿足任何越軌的需求。隨緣是智慧，智慧的人自然也懂得隨緣。

這首詩文是非常確切的表述了萬法皆空，不著一切見，也不著空、有、斷、常的邊。八風吹不動的是道心，道心是慈悲、喜捨、智慧、清淨。之所以用了伴侶這樣一個相對深刻而有分量的詞，就是為了著重強調。如果詩文中都是石頭、雪山、狼毒花和青稞酒，恐怕連說唱的熱巴也懶得吟唱了，更何況聆聽和傳播。

倉央嘉措不是薄情寡意的人，每每寫下一首充滿憂傷的詩，他的心也就隨眾生憂傷了一回。痛過的人瞭解痛，歡喜的人瞭解歡喜。

26

འཛུམ་དང་སོ་དཀར་བསྟན་ཕྱོགས།

གཞན་པའི་བློ་ཁྲིད་ཡིན་འགྲོ།

སྙིང་ནས་ག་ཚ་ཡོད་མེད།

དབུ་མནའ་བཞེས་རོགས་གནང་དང་།།

她微微啟齒一笑，

便把我的魂魄勾跑；

是否真心相印，

請示下一個誓言。

誓言，在當代社會中幾乎成了一個口頭性說辭了。因為不那麼嚴肅，也就變得沒那麼認真。當誓言用以堅定信念而行為時，那是一種無法消滅的力量。但當誓言用以違背時，那是一連串自惰的發生。

在藏傳佛教裡，誓言是格外殊勝和嚴肅的，是不可違背的發心。正如詩文中所表現的一樣，對誓言的渴望是強烈而篤定的。因為，這裡的誓言並不是一個男人對一個女子的期望和企求。而是一個修行人對本尊純潔而莊重的祈禱，守護自己堅定修持的心。

對一個修行者而言，輕輕一個微笑便能收攝魂魄的，是威德慈悲的本尊和諸佛菩薩。但若以直白的方式表現，那麼領受的人，可能無法實踐有緣所賦予的意義。那時，藏地的社會階級中，女性的社會地位相對的低。尊重和理解女性並非是普遍的，佛教觀念中的平等並沒有全然的被王權所貫徹對待。這也是倉央嘉措一度為之感懷的！

27

སྙིང་ཐུབ་བུ་མོ་ལམ་འཕྲད།

ཨ་མ་ཆང་མས་སྦྱར་བྱུད།

ལན་ཆགས་བུ་ལོན་བྱུང་ན།

འཚོ་སྐྱོང་ཁྱོད་རས་གནང་ཡི།།

與愛人在此相見，

是酒家阿媽牽線；

若有了違緣孽債，

你如何承擔。

在倉央嘉措的一生中，出現過三位極其重要的女子。這裡所說的酒家阿媽牽線的愛人，是由工布逃難到拉薩的一位姑娘。她在倉央嘉措被解送離開拉薩前，豐富並寬慰了倉央嘉措那孤獨且無奈的時光。我們的一生中，女性帶給我們的鼓勵、支持、理解，乃至於某種程度上的成全和捍衛是無法想像的。但是，只要一個沒有女性的假設，就可以讓人驚慌失措。

固然，有太多因為女性而帶來的傷感。但不要忘記，傷感向來不是一個人的孤獨的記憶。那些一度磅礡如雲天般的來自于女人的恩惠，已經被太多人遺忘於九霄雲外。世上沒有什麼應該的事情，也沒有什麼不應該的事情。只是我們習慣了自己，也習慣了由自己的心營造出來的世界。在這個世界裡，我們有些想當然了。

在拉薩城裡，還住著一個對倉央嘉措格外重要的人，那是他故鄉的夥伴，為了兌現他的父親的承諾而來到拉薩

尋找他童年的夥伴阿旺嘉措。這個酒家，也是這個已經安頓居住在拉薩城裡的夥伴介紹的。這不是男人之間那種通俗的勾當，而是男人之間真正意義上的理解。尋花問柳，不是倉央嘉措的風格。一個才華橫溢的男人，起碼會對某些惡俗的事物心生不屑和抵觸。但是，一個混跡於酒家和熙嚷的街市的公子，難免會被冠以放蕩的高冠。人生啊，如果非要把每一件事情都解釋的清清楚楚，那恐怕得耗去大半的時光。所謂「知我者為我心憂，不知我者謂我何求。」

其實，我們也應該在懷念倉央嘉措的同時，一併向那位酒家的姑娘致以敬意。她不但成就了倉央嘉措自此之後的詩文創作，也在倉央嘉措離開拉薩之後的某時成就了一個奇蹟。

所以，倉央嘉措在這首詩文中就清楚的講述了因緣不可違，以及空行化現的道理。

流浪的菩薩

28

སྙིང་གཏམ་ཕ་མར་མ་བཤད།

ཆུང་འདྲིས་བྱམས་པར་བཤད་པས།

བྱམས་པ་ཤ་ཕོ་མང་ནས།

གསང་གཏམ་དགྲ་བོས་གོ་སོང་།།

心裡話未向爹娘述說，

卻向愛人和盤相托；

而追逐你的人太多，

秘密被仇人聽去了。

世俗中有一種仇恨叫做情仇，有太多人為此付出了巨大的代價。情仇的生成和膨脹所需要的條件卻非常的渺小，只要一句別有用心的訛傳和挑撥就能點燃那熊熊的怒火。這首詩文先是勸導世人莫造口業，也是記錄了一個故事。也可以看作是用一個故事，告誡世人口業之毒不可釀。

　　酒家的阿媽是個善良的婦人，對倉央嘉措很是關照。而常在酒家幫忙的姑娘，是一位非常善良且頗具才情女子。她是便是那位元從工布地區的一個莊園主家裡逃出來的下人，一個生世淒慘的女子。在莊園主欲對其不軌時，孤身一人逃到了拉薩。在那樣的一個年代，莊園主家的一個女子，幾乎只能任由命運地肆虐。但是，就是有這樣剛烈的女子代表了真理而抗衡於時代。我們應該向這樣的女子致敬，因為人類文明的傳承中這是不可忽略的榜樣。

29

སྙིང་ཕྲུག་ཡིད་འཕྲོག་ལྷ་མོ།

ཙོན་པ་ང་རས་ཟིན་ཀྱང་།

དབང་ཆེན་མི་ཡི་དཔོན་པོ།

ནོར་བཟང་རྒྱ་ལུས་འཕྲོག་སོང་།།

奪人心神的仙女，

本是將芳心許了我；

卻被權高的官家，

諾桑甲魯搶去。

在倉央嘉措的原文中是以藏文「伊楚拉姆」作為對本
文中仙女的描述，而「許我的芳心」則是對事物的同理心
的借喻。至於權利，在當時的藏地是極其可怕的。普通人
的生死、命運幾乎都被權利者掌握著，那是一個幾乎無法
推翻的階級立場。對世道不堪的憂慮和悲痛，是這首詩文
的核心。

在舊西藏時代，百分之五的人統治者百分之九十五的
人。在西藏被和平解放前，農奴是社會群體的絕大部分。
而世尊最初創立佛教，最為重要的發心之一就是要建立並
維護眾生平等的觀念。而那時的西藏，農奴的悲慘是觸目
驚心的。諸佛菩薩慈悲，由蓮花生大師將佛法傳至藏地。
經過長久地努力，以佛法的教育使人們對平等有了新的認
知。由上之下的以佛法慢慢灌輸了眾生平等，行為不害的
善法。等待時機成熟時，再廣泛弘揚佛教的根本智慧。在
這樣一個名言假立的器世間，人的思維方式無論是形成和
改變都需要一個過程。

30

ནོར་བུ་རང་ལ་ཡོད་དུས།

ནོར་བུའི་ནོར་ཉམས་མ་ཆོད།

ནོར་བུ་མི་ལ་ཕོར་དུས།

སྙིང་ཁྲུང་སྦོད་ལ་འཚོང་བྱུང་།།

寶貝在自己手裡，

卻不知道珍惜；

如今歸了旁人，

卻又滿心怒氣。

寶貝，這個詞讓人眼前一亮。然後，很本能的想到了各種價值連城的東西。然而，在出家人的眼裡，那些都是身外之物。但是，以寶貝作為導詞，是很方便的。在藏傳佛教中還有一個寶貝是格外珍貴的，叫做如意寶。但絕非是世俗觀念中的某樣物質類的寶貝，而是對加持于修行的如意方便和不可摧毀的庇佑的法寶。那不是從任何物質中提取，而是從慈悲喜捨的無量心中證得的力量。是從悲智願和戒定慧中修持而來的，是從聞思修的勇猛精進中而生髮。

　　如果有一樣東西可以消除眾生的痛苦，那一定是寶貝無疑。一個可以使世俗轉變成樂土的寶貝，如果遺失了，那就是莫大的遺憾。所以，倉央嘉措以此告誡大家，修得正法的機會請千萬不要錯過。那是從輪回、無常、諸苦中解脫的契機，務必要牢牢的把握。

31

རང་ལ་དགའ་བའི་བྱམས་པ།

གཞན་གྱི་མདུན་མར་ལྣངས་སོང་།

ཁོག་ནད་སེམས་པའི་གཅོང་གིས།

ལུས་པོའི་ཤ་ཡང་སྐམས་སོང་།།

和我相愛的知己，

已被旁人娶去；

心中積思成疾，

身軀也消瘦不堪。

130

倉央嘉措很少用這樣直接表現心情的詩文，並且是通文如此。這也正說明了要表達事物的重要性，那就是見思之惑和情執之惱對於修行的重大過患。如若是直接以佛教專有的詞彙進行說明，相信許多在家者未必悉知。非但不利於流傳，更有可能使人著了偏見。

對於凡夫而言，相愛之人為旁人所有，那簡直是不共戴天的仇恨。但，文中用了知己這樣一個具有相應作用的詞，也是表述了相愛為相互的根本。並非是一方拋棄一方，而是不夠堅定和穩固。好比修行，諸佛菩薩從不曾拋棄任何一個有緣人，而修行本身也需要資糧具足。任何人，任何時候，只要觀念中生起希求，諸佛菩薩就在那裡。

其實，在西藏傳統文化中，這樣的語句通常是在講述一個簡短的故事。然而任何故事一定會有一個來龍去脈，稱之為生起的緣起。這首詩文的語氣中沒有含糊的頓挫，而是鄭重的描述了結果。

32

སྙིང་ཁྲུབ་ཀུ་ལ་ཁོར་སོང་།

མོ་ཆ་རྩིས་འཕྲུལ་རན་སོང་།

བུ་མོ་དུང་སེམས་ཅན་མ།

རྨི་ལམ་ནང་ལ་འཁོར་སོང་།།

情人被人偷去，

只能卜卦求籤；

那純真的姑娘，

在我夢中出現。

其實，倉央嘉措也有風趣和活潑的一面，畢竟那時他才二十出頭。並不是說轉世就意味著生下來就超凡脫俗，但是就當時的倉央嘉措而言，學習經教已經有十多年了。雖然少年居多貪玩，但是在法脈中嚴密傳承絕非是像尋常上學的學生，一旦偷懶、翹課、開小差，通常成績不會太好。而出家人學習經教那是超乎想像的嚴格，同時倉央嘉措本身的學習環境是非常封閉和嚴格的。

　　在十五歲之前，倉央嘉措已經熟讀《薩迦格言》詩集、阿底峽尊者的《旅途紀事》、蓮花生大師的《五部遺教》、部分五世達賴喇嘛的傳記和大半《大藏經》等重要經教。包括五明中除工巧和醫部之外的大部分課程也都涉及甚深，那樣的學習和背景、因緣，所獲取的知識超出常規狹隘的預見性。所以，在詩文體裁和隱喻上，倉央嘉措是非常善巧的。如本文所說「情人被偷去」，這是非常悲傷的玩笑。玩笑在於，「情人被偷去」本身文字表現上；

悲傷是在「情人被偷去」隱喻中。而後面所用的「純真」一詞，是對法喜的強調，也是對悲傷的複述和說明。

　　法喜若是失落了，對於一個渴望在修行上有所成就的喇嘛而言是莫大的悲哀。既然已經知道法喜失落的過患，自然也就更加渴望重新契入。所以最後一句用了「出現」一詞，旨在強調決不再失的決心。這樣的詩文是俏皮而深刻的，就像一個幽默的悲劇，多看幾遍自然也就落淚了。

流浪的菩薩

33

ཁྱུ་མོར་འཆེ་བ་མེད་ན།

ཆང་ལ་འཇིངད་པ་མི་འདུག།

གཞོན་པའི་གཏན་གྱི་སྐྱབས་གནས།

འདི་ལ་བཅོལ་བས་ཆོག།

只要姑娘在此，

美酒不會喝完；

青年寄身之處，

便就不在他方。

命運，有時候驚人的相似。

　　這個姑娘便是那位會釀酒的姑娘，一路乞討逃到拉薩。到了拉薩以後，幾經周折被一個半盲的獨身老熱巴收養。從此，爺倆相依為命。姑娘很孝順，也很懂事。酒家的阿媽恰巧也是孤身一人，見姑娘善良聰明，又有釀酒的手藝，便讓他在酒館中幫忙。經歷過苦難的人，總能夠相互體諒和關懷。

　　姑娘一邊無微不至地照顧著虛弱不堪的熱巴阿爸，一邊在酒館裡做事接濟家用。酒館的東家是位獨身的婦人，一個人經營著酒館。在那個時代，一個女人獨自經營一個酒館其實是件非常艱辛的事情。一個奔放的民族，再加上酒的作用，人間百態也就都隨時上演了。東家對姑娘也很好，所以對倉央嘉措和姑娘來往也是格外地保護。其實，她當時也並不知道倉央嘉措的真實身份；只是覺得倉央嘉

措才華出眾且甚是脫俗，再加上自己是個過來人，總是多
了份體諒姑娘的心思。

　　至於倉央嘉措和這個酒館的緣分，表面上看，還是倉
央嘉措那位從故鄉來的夥伴所牽。關於倉央嘉措的道歌，
有好多都是從這個酒館傳唱出去的。老熱巴一生說唱過的
詞文不計其數，但唯獨對倉央嘉措的創作格外青睞。這不
僅僅是來自於經驗，更因為他也對這個年輕人有著非同尋
常的感受。老人的眼睛已經看不到了，但心卻更清淨了。
他曾經猜想過種種關於倉央嘉措的背景，但唯獨沒有想到
他是六世達賴喇嘛。在常人的觀念中，六世達賴喇嘛出現
在拉薩城裡的酒館中，是決不可能的，也是當時的社會所
不允許的。老人家幾乎是唱著倉央嘉措的道歌離開的，雖
然那時幾乎沒有人知道他所傳唱的是道歌。

　　不由得，人們開始猜想倉央嘉措和這個姑娘之間的事
情了。人非草木，如不動心，定是無情。如真動了情，該

是什麼樣的初心。如果只是為了世俗狹隘的男女之情，那真是小看了倉央嘉措，也小看了這位非凡的姑娘。所以這首詩文是在闡釋遊戲人間，而不戲虐真心的智慧。

流浪的菩薩

34

བུ་མོ་ཨ་མར་མ་སྐྱེས།

ཁམ་བུའི་ཤིང་ལ་སྐྱེས་སམ།

ཨ་གསར་ཟད་པ་ཁམ་བུའི།

མེ་ཏོག་ལས་ཀྱང་མགྱོགས་པས།།

那姑娘不像母親生養，

好似從桃樹上長出；

她對一個人的情意，

比桃花凋謝得還快。

後人覺得很奇怪，堂堂達賴喇嘛怎麼還罵起人了？只要稍微思考，便應該發現蹊蹺。這個「姑娘」非但不是酒館裡的那位姑娘，更不是任何一位姑娘。如果說倉央嘉措沒有被姑娘戲弄過，也不完全正確。倉央嘉措剛有機會到拉薩城裡散心時，還真被一個本地姑娘欺騙過。好比一個剛從鄉下來的年輕人，穿著華貴且單純至極，上一次委屈的當也不足為奇。但是，違緣若得以滋生，確實是害人的。倉央嘉措和他兒時的夥伴，也正是因為那樣一個貪財的女子而遭受了無法回還的傷害。

　　情若是因愛而生，那是世間法無可避免的非惡的發心，且是真切切的生息。情若是因貪婪和欲望而生，那是一把鋒利的刀子，即便鑲滿寶石，也無法包裹住寒光。倉央嘉措並沒有咒　那惡毒而貪婪的女人，那樣的因緣何嘗不是未被化解的風煉。最無常是風情，解與不解已無關乎雅與不雅。這無非是替世人歎息，最珍貴莫過堪破。

35

ཏུ་ནོད་རི་ཡར་རྒྱུག་པ།

ཉི་དང་ཞགས་པས་ཟིན་གྱིས།

བྱམས་པ་རོ་ལོག་རྒྱུག་པས།

མཐུ་རོ་ཟིན་པ་མི་འདུག།།

野馬跑進山林，

可用陷阱繩索捉拿；

愛人若是變心，

神通法術也無濟於事。

倉央嘉措，乃至許多高僧大德，通常不會輕易示現神跡；也更不會以神通而用以達到什麼個人的目的。在佛教的觀念中，神通抵不過業力。所有自己種下的因，就應該由自己承擔那樣的果。如果曾不小心種下了不善的因，就應該以自己虔誠的懺悔和修持而承擔和轉化。

　　神通和法術，不是成就佛道的根本。就好像世俗中一切所謂的樂，都不是究竟和永續的。一切享樂都來自於福報累積，一切痛苦也都是業報的顯現。人世間沒有什麼值得抱怨的，抱怨只能使道德敗損。而真誠地懺悔，卻能夠使德性漸近圓滿。但是，這些性質不是夜色中的月亮，也不是花園中的花朵，它們在眼識之外，而不是生動於眼前。

　　有人說，生命是一場無可替代的救贖；那必是為自己的救贖。從無常輪回中的出離，更是一場對自己過去的救贖和對未來的鋪墊。

36

ཕག་དང་རྐྱང་པོ་སྲིབས་ནས།

རྣོད་པོའི་སྒྲོ་ལ་གཟན་བྱུང་།

གཡོ་ཅན་རྐུ་བག་ཅན་གྱིས།

ང་ལ་གཟན་པོ་བྱས་བྱུང་།།

暴怒的狂風如魔，

吹亂了鷹的羽毛；

狡猾詭詐的強盜，

弄得我憔悴不堪。

紅塵滾滾，飛沙走石；入世是菩薩的慈悲，出世應該是眾生的渴求。連第巴桑結嘉措都難以擺脫塵世的風險，何況那些尋常的人們。倉央嘉措到達拉薩後，並沒有真正行使過一天達賴喇嘛的權力。但這並不意味著他不知道權利鬥爭的殘酷，更何況他就生活在那樣的鬥爭中。

　　桑結嘉措和拉藏汗之間的矛盾和危機始終存在著，而且當時的時局隨時可能爆發戰爭。關於這一點，桑結嘉措心裡十分清楚；所以，桑結嘉措變得更加的暴躁和不安。倉央嘉措曾以達賴喇嘛的身份循照慣例參加過一些政治活動，感受得到拉藏汗和桑結嘉措之間的那種險惡的氣息。

　　倉央嘉措對於桑結嘉措的感情格外複雜，曾經一度是厭惡。毫不隱瞞地說，曾一度是恐懼和無奈。桑結嘉措的成長和權利，是五世達賴喇嘛傾其一生所成就的。在五世圓寂之前曾留下過叮囑他要保持和平的教言，但桑結嘉措在權利的膨脹中已經無法卻步。

37

སྤྲིན་པ་ལ་སེར་གཏིང་ནག།

སད་དང་སེར་བའི་གཞི་མ།

བན་དེ་སྐྱ་མིན་སེར་མིན།

སངས་རྒྱས་བསྟན་པའི་དགྲ་པོ།།

黃邊黑心的烏雲，

是造就雹子的根源；

非僧非俗的僧侶，

是佛法正教的仇敵。

在後人的映射中，幾乎沒有關於倉央嘉措生活在拉薩的那段時間中從事佛教事業的記憶。事實並非如此，傳說倉央嘉措一直遊蕩在拉薩城裡飲酒作樂是偏頗的。人們對一個特殊人物的私生活的關心，是由來已久的；因為生活之外的事物很難對照和評判，更不貼近自己的理解和認知。

時過境遷了三百年，人們似乎從來不曾忘記過他。並不是人們一直緬懷著他對佛教事業的莫大貢獻，而是來自於所謂情詩的猜想和那些屢遭篡改的善意的傳說。這也是倉央嘉措智慧的體現之一，如果不是那樣，也許他早已經被遺忘，也遺忘了他用心良苦的開釋。

對於一個出家人來說，名聞利養本就是要捨棄的東西。倉央嘉措同樣不會在意這些，嚴格來說他從不曾在意過。這和他父母、上師的教育有密切的關係，也是他心性中固有的特質。他的心一度「死」了，隨緣度化有情是他

唯一「活」著的痕跡。所以，他無時無刻不在捍衛佛法；就如同這首詩文的譬喻。同時很容易看出些端倪，如果倉央嘉措只是個浪蕩的公子，又為何形容「非僧非俗的僧侶，是佛法正教的仇敵。」這樣的用詞是格外嚴厲的，因為出家人本沒有任何仇與敵的觀念。

　　一個嫉惡如仇的人，他的本質往往是善良的。倉央嘉措也並非一個不務正業的喇嘛，是後人太熱情；生怕冷落了那寂寞的時光和悲傷的人兒。

38

ས་དེ་ཁ་ཞུར་གཏིང་འཁྱགས།

རྟ་ཕོ་གཏོང་ས་མ་རེད།

གསར་འགྲོགས་བྱམས་པའི་ཕྱོགས་སུ།

སྙིང་གཏམ་བཤད་ས་མ་རེད།

表面融化的凍土，

不是跑馬的地方；

新結識的秘友，

不能傾訴惆悵。

這一首詩文恰恰是反映了倉央嘉措在佛法修持中，對依止上師和依教奉行態度。他也正是通過這首詩文勉勵其他出家人，這樣的心跡人多修行者清晰明瞭。

生活是一天過了，再過一天，周而復始的一天一天的累積。而人生，有時候並不一定也是這樣。人生的意義是以質考量，生活的經驗通常靠量累積。曾經一段時間，倉央嘉措在佛法上的成就幾乎是一日千里。在那樣的情況下，對佛法的精進是無比勇猛和歡喜的。關於那樣的感覺，如人飲水般的無法言傳。

而文中的秘友，並非是指哪一位姑娘。所謂惆悵是在妙智中所觀照到五蘊皆空，而深知凡夫仍舊執著的悲憫。但不得不客觀的說，這樣的心境也確實是因為某人而生起。但這不是狹隘的個人情感的受識，是以一人而普世的觀念。因為智慧的修行者很清楚：如果要成就一個人，便不能忽略與這個人有關的因緣。

39

ཆོས་ཆེན་བཙོ་ལྩའི་རྔ་བ།

ཡིན་ལ་འདུག་པ་འདུག་སྟེ།

རྔ་བའི་དགྱིལ་གྱི་རི་བོང་།

ཚེ་ཟད་ཚོར་ནས་འདུག་གོ།།

你白淨的面容，

與十五的滿月相仿；

可月宮的玉兔，

性命已不久長。

曾有人悲傷的以為，這是倉央嘉措在歎息自己的性命。甚至有人以為這是一個預言，一個悲傷的預言。

　　其實，這是一個誓言。以死之心證道的誓言，這是看破的智慧。那時，倉央嘉措早已經堅固了願心。為度眾生願成佛的信念已經成熟，如何智慧地運用方便是菩薩入世救度眾生不可或缺的途徑。

　　經教中經常提到六波羅蜜，其中佈施、持戒、忍辱、精進、禪定，都是廣行的方便實踐。而達成般若的甚深智慧成就，從來離不開前五種次第。並且，般若尚還分有果般若和道般若兩種境界。在這樣一個名言假立的世間，修成正果離不了那樣以死之心勇猛的信念。但這不等同隨意放棄生命，或者以生命做某些不如法的試驗！修行人是禁止自殺的，那樣等同殺他一樣的罪過；尤其是出家人，自殺形同弒佛，是無間地域的業報。也正是以這樣的道理，說明了心、眾生與佛，三無差別的平等。

40

ཟླ་བ་འདི་ན་ཐར་འགྲོ།

གཏིང་མའི་ཟླ་བ་ཚུར་ཡོང་།

བཀྲ་ཤིས་ཟླ་བ་དཀར་པོའི།

ཟླ་སྟོད་ཕྱོགས་ལ་མཇལ་ཡོང་།

本月即將過了，

下月就快到來；

等待吉祥明月的初旬，

你我便會重聚。

那段時間，倉央嘉措去拉薩城裡的次數減少了許多。並不是他喜歡留在宮裡，而是他開始倍於過去地精進修持。這樣的觸動和變化非常微妙，也格外的深刻。而這種狀態恰恰來自於他在拉薩城裡所經歷的事物。

在世俗的觀念和情緒中，有太多對於女人的偏見和不公。人們忽略了女人曾帶給我們的啟發和觸動，甚至忽略了對女人應有的尊重和理解。畸形的社會形態把女人轉化成了某種依附性的條件，這種由來已久的意識正是凡夫狹隘的表現。

女人帶給人們的不僅僅只是眼界中的感受，更多的是看到自己存在於這個世界的線索。甚至，是一面鏡子，照著人們時而清醒，時而糊塗的心境。倉央嘉措也在自己所「心愛」的女子身上看到了世間痛苦，當一個女人在自己面前變成了一個完整的世界時，她就是世道的縮影。一個

喇嘛的修行，也因為一個女子引發了更加磅礴的急迫和勇猛。

　　或許，人們並不像想像中的那麼瞭解女人。她們是廚房中的廚娘？她們是嬰孩口中的食源？她們是床上橫陳的玉體？她們是閒時的談資？她們是家中的燈火？她們是蟄伏在心頭的力量？她們是愛的泉源？她們是恨的根秧？她們是不屈的希望？人們賦予了太多對女人的定義和遐想。唯獨忽略了她們是一個巨大的寶藏，在那裡隱藏的全然是人們無法攜帶在身邊的依賴和寄託。善的因，可以在那裡生根；惡的果也在那裡成熟；就連自己尚不清楚的「帳目」也清晰在那裡。

　　對於一個男人而言，女人的懷抱是百轉千回始得於返的家鄉。正如當初毅然的別離，從來都不是悄無聲息的決絕。無論曾經一度有過什麼樣的傷害，總是在某時悄悄的回憶。當一個人在因為女人而產生的悲憤被勘破時，那未

必不是在生活中修行的一種成果。世間沒有永遠的怨恨，

歡喜是因緣，嗔恨也是因緣；若未周全，便無圓滿。這首

詩文也正是倉央嘉措提示和自勉證法圓滿的希求。

41

དབུས་ཀྱི་རི་རྒྱལ་ལྷུན་པོ།

མ་འགྱུར་བརྟན་པར་བཞུགས་དང་།

ཉི་མ་ཟླ་བའི་འཁོར་ཕྱོགས།

ནོར་ཡོང་བསམས་པ་མི་འདུག།

　　中央的須彌山王，

　·　請汝屹立如常；

　太陽和月亮的軌跡，

　　就不會迷失方向。

終於，有了一首絲毫沒有關於女子線索的詩文了。倉央嘉措的道歌在後人的整理中，或許有著順序上的差異。但我們應該對事物形成的邏輯順序作以思考，詩文不僅反映了倉央嘉措生活、修行的狀態。從某種意義上看，也是一部完整的傳記。就像這樣一首開釋堅定信心，次第修行的道歌。一個人的思維的發生和投射，也通常基於自身思維生髮的次第。果子成熟前，必然要經歷一系列順序性的成長。任何事物的表相，都不能覆蓋和隱沒其自性。

　　倉央嘉措到達拉薩後，已經是從甯瑪罷完全轉駐于格魯巴。而在格魯巴的法教傳承中，宗喀巴大師的《菩提道次第廣論》是非常重要的核心教義之一。這很容易看出，當時倉央嘉措在經教的學習和深入是層次清晰的。這也意味著在喇嘛和阿旺嘉措的身份轉換上，倉央嘉措有了新的定義。如果他能夠在當時政教合一的社會背景中有立足之地，那就意味著他能夠更快更圓滿的促成社會的和諧。

流浪的菩薩

42

ཚེས་གསུམ་ཟླ་བ་དཀར་པོ།

དཀར་པོས་ནང་ནས་ཆོད་སོང་།

བཙོ་ལུའི་ནམ་དང་མཉམ་པའི།

ཞལ་བཞེས་གཅིག་ཡང་གནང་ཞུ།།

初三潔白的月亮，

如銀光瑕滿明亮；

請給我一個誓言，

這誓言要如滿月無別。

在佛法的修持上，但凡是如法真實的精進，必然能有妙華的相應。正如這首詩文所喻釋的那樣，潔白的月亮是佛法清淨恒常的寂靜。而在未能完全圓滿無餘的證得前，已經體會到法喜的殊勝。對佛法的成就因為部分體驗而更加篤定，自然渴望法喜莫要遺失和疏漏。

　　這一時期，倉央嘉措已經很少去拉薩城裡了。而且，他每次去看望姑娘前，一定會帶去新的創作，同時交給姑娘的熱巴阿爸予以試唱。倉央嘉措的道歌所有神來之筆，也都是自身修為的體現。

　　正所謂「巧婦難為無米之炊」，修行的功德也是次第漸進的增長。倉央嘉措的詩文也在用詞和語法上悄悄地變化，變得更加精准和方便。在當時，一些高僧大德之間的書信也都是採用詩詞的方式書寫。一方面是易於保密，一方面是相互參悟法趣禪機。

最為經典和賦予奧義的便是五世達賴喇嘛和敏珠活佛之間的書信，談論任何事物幾乎都採取詩文隱語的方式。亦如我們世俗間所描述的那樣，「明白的人無須贅言」。

　　倉央嘉措對佛法的修持已經有了極大的造詣，而當時的情況，弘法和踐行是非常困難的。第巴桑結嘉措把持著西藏的所有權力，與拉藏汗之間的矛盾也越發尖銳。當時的清政府也無法有效的實施管理，同時還有顧及各方勢力的平衡和掣肘。桑結嘉措和青海的葛爾丹部正密謀著一場生死攸關的戰爭，而拉藏汗也早就視桑結嘉措為死敵。無論戰爭什麼時候爆發，倉央嘉措都處在風口浪尖。即便他只是一面旗幟，但政權一旦發生變化，就意味著對他的推翻和改變。事實上，倉央嘉措並不在意這些，而是他清楚的知道戰爭給人民所帶來的災難是慘烈的。

　　正如他在被押解往京城時，路過格魯巴祖寺哲蚌寺時，僧人們自發組成了截護力量，將倉央嘉措搶到寺中。

而面對拉藏汗的金戈鐵騎和清政府的官兵，倉央嘉措為了避免流血事件的發生而自行走回押解兵團中。那時，倉央嘉措還不到二十五歲，那種置生死於度外的氣魄，豈是常人所能及。

43

ས་བཅུའི་དབྱིངས་སུ་བཞུགས་པའི།

དགྲ་ཅན་རྡོ་རྗེ་ཆོས་སྐྱོང་།

མཐུ་དང་ནུས་པ་ཡོད་ན།

བསྟན་པའི་དགྲ་བོ་སྒྲོལ་དང་།།

威德金剛護法，

高居十地之中；

若能施展神通，

請將佛教的敵人度化。

金剛護法，是佛教中重要的力量。關於護法的經典也非常的多，護法守護修行者慧命功德，同諸佛菩薩和修行者一起弘揚佛法，守護眾生。關於護法，世俗有太多的迷信和誤解。其實，我們凡夫也有與生俱來的護法。來自父族的護法神停留在我們的右肩，來自母族的護法停留在我們的左肩，時刻守護著我們的慧命。就連慧命身體的各個重要的脈、輪也都是護法的所在。有時候，人們常說「猶如神助」並非是一個後天臆造的玩笑說法。

至於護法的修持，是嚴格而系統的。但是，無論如何堅守一顆正念的心靈，是對護法最好的恭敬，也自然會得到護法周全地守護。文中不對關於護法和佛教教義做過多解釋，原因是筆者本人不敢造次，也不希望因為不完整的描述而造成迷信和誤解。尤其是如今社會，怪力亂神的現象實在是不勝枚舉。

在人們的意識中，一旦出現所謂的敵人，都會以消滅

和抵抗為第一反應。而在佛教的觀念中眾生平等，度化和開釋教育是第一首選。至於敵人，世間最大的敵人是貪、嗔、癡。有時候我們會淪為它們的傀儡，因為那樣的念頭而造作不善的行為。眼界中到處是名聞利養，眼、耳、鼻、舌、身時刻面臨這種種誘惑和考驗。單單以世間法的準則而行為，難免遭受到怨、憎、恚的打擊和虐待。

倉央嘉措深深知曉眾生的煩惱和痛苦，度脫眾生是菩薩的行願，又何嘗不是倉央嘉措的宏願。有的人也曾有過這樣的誤會，以為這是一個宗派對其他宗派的敵對。事實不是這樣，在藏傳佛教的四大教派中，沒有任何相互敵對的觀念，而是相互支持和進步的。至於不同的宗派，可以比喻為一個慈悲的母親，有四個智慧的孩子。

流浪的菩薩

44

ཁུ་བྱུག་མོན་ནས་ཡོང་བའི།

ནམ་དུས་ས་བཅུད་ཕེབས་སོང་།

ང་དང་བྱམས་པ་འཕྲད་ནས།

ལུས་སེམས་སྐྱིད་པོར་ལང་སོང་།

杜鵑從門隔飛來，

大地已經蘇醒；

我與知己相會，

心身舒暢無比。

168

終於等到了好消息，這是令人振奮的事情。在倉央嘉措到達拉薩之後，很少有這樣的興致。仿佛人們也已經習慣了那悠悠之傷而引發的幽幽之美，文字也顯得更加打動肝腸。那是文字藝術性的作用，也是人們對心地上風情的習慣。

　　想必，此刻我們也十分的歡喜。看到喇嘛如此開懷，我們也享受著他的分享。好像闊別的家鄉帶來了喜訊，也好像愛慕的姑娘默許了追求。但是，這些還是顯得太有限了。這裡的歡喜是遼闊而厚重的，大地蘇醒般的喜樂不是僅供一人獨享證量。對於倉央嘉措而言，那是法喜的感動。對於一個修行者而言，那時莫大的欣慰。將眾生的苦一力承擔，將佛法的樂傾于眾生，那是高僧大德的德行。

　　還有什麼比這更加愉悅的啊！倉央嘉措都手舞足蹈了，我們也該適時地釋放我們天真無邪的情感了。

45

ཁྱི་དེ་ལྱག་ཁྱི་གཟིག་ཁྱི།

ལྱག་ཁ་སྟེར་ནས་འདུས་སོང་།

ནང་གི་ལྱག་མོ་རིས་འཛོམས།

འདྲིས་ནས་ཧྲུ་ཏུ་ལྱང་སོང་།

無論是猛獸虎狼，

喂它些糌粑也可馴服；

而家中的悍婦，

熟了卻更加兇惡。

緊接著，問題來了。大喜之後，通常會有些許的失落。大喜如一座高山的巔巒，嚮往和佇立是無比滿足的。而人們似乎只是習慣了到此一遊，常駐和下山成了狂喜複平後的煩惱。甚至，有時候人們得意之時便忘了形制。就像這詩文，适才還歡歡喜喜地說笑，轉眼就是咬牙切齒的憤怒。

　　倉央嘉措也有喜、怒、哀、樂，尤其在他證道之前；這再平常不過，就算是化裝來人間演出一場世出世間法的戲劇，也得用常人看得明白的表情和道具。離開世間法修出世之道，如同飲水撈月。

　　可這樣的憤怒的詩文，並不是倉央嘉措在表達什麼痛恨的情緒。而是在提示大家，不要初嘗法喜便得意忘形。降伏那些隱藏在雀躍中的心魔，是眼下即刻要做的準備。這樣的法喜是珍貴的，但還遠遠不是圓滿究竟的。

46

ཤ་འཇམ་ལུས་པོ་འཁྱིལ་ཀྱང་།

བྱམས་པའི་གཏིང་ཚོད་མི་ལོན།

ས་ལ་རི་མོ་བྲིས་པས།

ནམ་མཁའི་སྐར་ཚོད་ཐིག་བྱུང་།

雖有肌膚的親近，

卻不知情人的心思；

就算在地上畫個圖兒，

還能把星辰計算。

這教人如何是好？情緒像是從雅礱江一路流下的波浪，不曾有一刻的平靜。尚未從法喜和自勉中回神，就又來了一個肌膚相親。這好比是竄跳在零散的浮木上過河一樣，稍做遲緩就會落水。是什麼樣的姑娘，讓一位達賴喇嘛如此的身心交瘁？世人都已經憤憤不平，豈能容忍有人如此這般地欺負了慈悲的才子。

這是個玩笑，除了業障違緣以外，誰又忍心傷害倉央嘉措這樣一個可愛的人。這般隱秘的事情，如何會赤裸裸地用文字表現出來。這是喇嘛用暗喻的方式告誡大家，要知道渙散和庸懶于修持的過患。守護好那個精進的念頭，那才是最終能夠利益有情的途徑。當然，這並非是世人小氣，而頗具偏見的誤會喇嘛。有時候，一段文字或一件事情，未必會在當下就能得到正確的理解。有些事情，需要經過歲月地洗禮之後，方能體現出他的道理和真諦。就像朋友的勸告，往往在事後才明白。

47

ང་དང་བྱམས་པའི་སྦྱེབ་ས།།

ཚོ་རོང་ཤྱུན་པའི་ནགས་གསེབ།།

སྐྱ་མཁན་ནེ་ཚོ་མ་གཏོགས།།

སུ་དང་གང་གིས་མི་ཤེས།།

སྐྱ་མཁན་ནེ་ཚོ་ལོ་ཤེས།།

གསྱང་ཁ་མདོ་ལ་མ་གནང་།།

我和情人相會在南山密林，

除了巧嘴的鸚鵡，

沒有一人知曉；

拜託善言的鸚鵡，

莫在路口洩密才好。

此刻，詩文的體裁風格已經有別於之前。這是信文的格式，好比唐詩和宋詞的體裁區別。從文法上看，更加口語化也更容易領會，相對直白地講述了完整的事物。可問題在於，這首如此直白的詩文，究竟是倉央嘉措想要說寫什麼？那個情人有究竟是誰？世人更關心這個問題。很多事情，越是解釋反倒越發像在掩飾。以常理看待這件事情，人們更願意相信倉央嘉措確實和某位女子約會在山林中。那樣更符合故事的可塑性，也更容易賦予色彩和情節。但問題是，這確實不是人們想像的那樣。

就拉薩城的地理狀況而言，約會往某一處偏僻的樹林是不現實的。除了布達拉宮對面的山坡，就要往藥王山的山腰了。如果，果真是約在布達拉宮對面，那無疑是在第巴和眾人的眼皮下冒險。而要去往藥王山的山腰，誰又能保證途中不被旁人發現。並且，倉央嘉措通常都是以宕桑旺波的化名出現在拉薩城裡。除了看釀酒的姑娘，就是和

老熱巴討論詩歌傳唱的事情。還有，就是去看望住在離酒館不遠處的朋友。即便是和姑娘見面，談心也大多是在酒館中一個角落的房間裡。

　　倉央嘉措很少在白天去拉薩城裡，非但人多眼雜，且一旦出宮就隨時會被第巴發現。最初對於倉央嘉措偶爾去城裡轉悠，第巴並沒有格外反對。但是，當他有所耳聞時便嚴格禁止倉央嘉措擅自出宮。無論是基於安全，還是王權的形象，他決不允許倉央嘉措出什麼差錯。而且，倉央嘉措對錢財沒有什麼概念，出手自然大方闊綽。對於第巴來說，那是不應放縱的揮霍。乃至於，第巴先是截斷了錢財上的供給，然後再明令禁止倉央嘉措擅自出宮。

　　倉央嘉措起初也並沒有過於激烈地抗爭，反而在那一段時間裡屢屢體會到佛法的微妙。並且，有些簡單的神通已經可以運用自如。但是他很清楚，關於神通的事情是萬萬不能隨意顯現和利用的。這首詩文便是告誡自己和所有

的修行者，不要隨意使用神通，也不能以擁有神通而貢高我慢，這對修持是無益的。

流浪的菩薩

48

ལྷ་ས་མི་ཚོགས་མ་ཐུག་ལ། །

འཕྱོངས་རྒྱས་མི་སྲུས་དག་ག །

ང་ལ་དགོས་པའི་ཆུང་འདྲིས། །

འཕྱོངས་རྒྱས་གཞུང་ན་ཡོད་དོ། །

拉薩疊肩的人群中，

瓊結人的模樣最美；

來尋我的故人，

一定在這人群裡。

瓊結，是山南重鎮，也是吐蕃文明的主要發源地，還是倉央嘉措父母和那位錯那姑娘的故鄉。山南林深水清，耕地充沛而物產豐富。直到第三十三代贊普統一了西藏高原後才遷都拉薩。

在山南，有西藏歷史上第一片耕地。由於耕種文明的發展，藏人的生活和人文發生了巨大且趨向于繁榮的變化。雅礱江滋潤著山南的土地，似乎也使得山南的姑娘格外的美麗。在西藏，人們對瓊結的姑娘有著非常的讚譽，況且倉央嘉措一直只是在旁人的敘述中聽到對自己故鄉的讚美，而尚且並未真正去過。

人們對故鄉的情結是特殊的，那是一片縈繞在心頭的雲彩。無論時光如何變遷，那一片美麗的雲彩永遠也不會被吹離心頭。倉央嘉措用故鄉來比喻佛 淨土是最容易使人領會的，那來自佛 的美麗的人兒，是對空行母的讚歎。關於空行母，簡單的說是具足一定功德本領的女神。空行

母又分為 生、俱生和業生三類，又分為人形和獸形不同。依據空行母自身的願力，可以修持為護法或本尊。相傳，空行母一度是佛 和修行者之間的紐聯。而在佛教的教義中，空行母也可以稱之為女性菩薩。她們力大無比且能夠自由飛行，同時具足智慧和慈悲功德。

空行母一詞在漢地和顯教中極其罕見，但是歷史中也確實有憨山德清等多位高僧大德曾經在夢中見過。加以簡單說明，大家對倉央嘉措在道歌中反復使用「女性」詞彙而寓意空行母的觀念可能稍微清晰些許。

所以，這段文字事實上是倉央嘉措借由故鄉和故鄉美麗的女子而讚歎佛 和空行母。當然，也不乏有些她那位很久以前的知己的懷念與祝福。任何人都有懷念一個人的權利，佛法也並非讓人變得冷漠無情。

49

ཁྱི་ནུན་རྒྱའི་ཟེར་བ།

རྣམ་ཤེས་མི་ལས་སྤྱང་བ།

སྒོད་ལ་ལྷང་སོང་མ་ཟེར།

ཐོ་རངས་ལོག་བྱུང་མ་ཟེར༎

滿腮須毛的黃狗，

心地比人還機靈；

不要說我夜晚出去，

回來已經黎明。

關於老黃狗，其實是格外嚴肅並且頗有淵源故事。倉央嘉措在酒館中和釀酒姑娘的談話曾被一個僧人偷聽到，並且稟報給了第巴。從此，倉央嘉措被限制出宮。而偷聽倉央嘉措談話的人，卻也是緣起于一個本地名聲狼藉的老婦人地挑撥。凡事都有緣由，那個告密僧人曾經是對釀酒姑娘的仰慕者。善良的姑娘並沒有以委婉地拒絕，同時也是為了顧及對方的名聲便也守口如瓶。她自從逃到拉薩之後，一直小心謹慎。姑娘雖是下人出生，但卻是心靈手巧。姑娘在拉薩的生活除了照顧年邁體弱的熱巴阿爸，其餘時間就在酒館裡幫忙。

她和倉央嘉措一樣，拉薩不是故鄉，心裡的話都化做了一碗碗青稞酒。沸騰了旁人的心，而冷落了自己。多舛的命運使人變得沉默，並非是那人兒的心死了，而是不敢活著。姑娘曾在那個仰慕者表露心跡之前，講述過些許自己的過去。也正是那一次坦誠，才導致了她後來又被莊園

主抓了回去。那是倉央嘉措離開拉薩前不久的事情，一個使人潸然落淚的故事。

為了防止倉央嘉措因百無聊賴偷偷出宮，第巴命人在倉央嘉措的寢宮後面的圍牆開鑿了一扇門。門外是一片坡地，可以供倉央嘉措在那裡練習射卦箭。後門的鑰匙由那個告密者掌管，這是第巴最放心的了。為了兼顧到寢宮夜間的安全，就在後門邊上養了一隻黃褐相間色的獒犬。但是後來倉央嘉措悄悄取得了鑰匙，到拉薩城裡請他的朋友連夜照樣打了一把。原來的鑰匙又悄悄地還了回去，從此那扇後門就成了倉央嘉措悄悄去拉薩成的唯一途徑。

老黃狗親眼目睹了倉央嘉措多次在夜裡悄悄地出宮，但從沒有發出聲響。而倉央嘉措也非常感激黃狗，每每回來時也總是給黃狗帶些食物。黃狗很機靈，要麼把食物隱藏的很好，要麼很快地吃掉，從沒有被發現。有時候，在倉央嘉措要出宮之前，若是有什麼動靜，老黃狗也會想方

設法的告知倉央嘉措。這樣的默契從未打破，而那只黃狗同樣出生在瓊結。這首詩文並沒有被傳唱，也沒有人知道這是他想要說明入世的方便。

流浪的菩薩

50

སྲོད་ལ་བྱམས་པ་བཙལ་བས།

ཐོ་རེངས་ཁ་བ་བབས་བྱུང་།

གསང་དང་མ་གསང་མི་འདུག

ཞབས་རྗེས་གངས་ལ་བཞག་ནི།།

夜色中去會情人，

天亮時大雪紛飛；

足跡印在雪上，

想必已經無法保密。

像往常一樣，倉央嘉措入夜之後悄悄前往山下的城裡。酒館的阿媽為他和姑娘提供了許多的方便，酒客散盡後就只有倉央嘉措和姑娘在聊天。有時候，他們徹夜長談；有時候他就去附近朋友家中留宿，或者深夜時由他的朋友護送他回宮。當然，也極偶爾的留宿在姑娘的家中。老熱巴阿爸很喜歡倉央嘉措，也非常欣賞倉央嘉措的詩文。他們幾乎成了忘年知己，老熱巴也經常在倉央嘉措回宮前將倉央嘉措帶來的詩文譜唱完畢。

一如往常，天色已經朦朦泛亮。倉央嘉措該回宮了，而走出門才發現雪已經下了一夜。那時侯的拉薩並不十分安全，加上回宮還有一段山坡要爬；朋友自然要一直將倉央嘉措親自送到門口。

這位朋友其實比倉央嘉措年長將近五歲，父親生前是個為貴族看護牲畜的下等人。正是那位下等人長輩，一直

照顧著從遠方遷徙而來的倉央嘉措的全家。就連倉央嘉措母親的後世也是這位長輩一手周全的，而且消息也是他親自翻山越嶺送給遠在那錯學習的倉央嘉措。那是一位高尚的長者，那真誠和慷慨是那些貴族無法比擬的。

在倉央嘉措被迎請到拉薩後的第二年，這位長輩也過世了。在他咽氣之前，他叮囑兒子務必啟程前往拉薩面見倉央嘉措。那時，倉央嘉措成為六世達賴喇嘛的事已經不是秘密了。這位長輩也知道倉央嘉措就是當年的阿旺嘉措，所以他吩咐兒子前往拉薩。當時，他們的家境也是十分的困難，連兒子去拉薩的盤纏也沒有分文。他想給兒子帶些路上果腹的食物，但是除了幾斤陳味嗆鼻雞爪穀，已經沒有什麼可帶的了。

朋友按照父親的吩咐，草草地處理了父親的身後事；啟程前往拉薩，他沿途靠著採摘野果充饑，路過有人煙的地方，他就乞討些食物。為了見到倉央嘉措，這個年輕人

吃盡了苦頭。但誰都沒有想到，這個沿途乞討的年輕人竟然懷揣著數量驚人的錢財。一個人的品行，往往在無人照見是才投射出本質。那些錢居然是倉央嘉措的父親過世時交給妻子的，並叮囑妻子要等那個朝聖者回程時予以歸還。後來，倉央嘉措的母親在過世時又將那些錢財託付給了這位善良的朋友。而這位朋友卻因為得罪了貴族而被打成了重傷，就這樣在奄奄一息時把錢財託付給自己的兒子。一個懷揣著大筆錢財的年輕人，沿途乞討也不曾動用過分毫。這樣的人，這樣的品德和心靈，潔淨如崗波拉之巔的雪花。他們是那樣的平凡，卻又是那樣的高尚。

　　尋得倉央嘉措之後，朋友將那筆錢財如數相奉。由於倉央嘉措強烈挽留，朋友留在了拉薩，在八廓街的一條巷弄裡開了個小鋪子安身立命。從此，倉央嘉措有了談心的地方。此後，倉央嘉措在拉薩城裡所有的方便，幾乎都來自於這位朋友。

但是，那一場雪卻葬送了朋友的性命。留在雪地上的兩串腳印被告密者發現，並報告的第巴。第巴立刻派人追查，當天就找到了這位即將要做父親的年輕人。

這是一段悲傷的讓人不願提及的往事，一旦想起，心就會像懸掛在埡口的松枝，在寒風中嗚咽。悲傷似乎從不孤獨，時隔不久釀酒姑娘也被莊園主抓了回去。

51

པོ་ཏ་ལ་རུ་བཞུགས་དུས།

རིག་འཛིན་ཚངས་དབྱངས་རྒྱ་མཚོ།

ཞོལ་ཁོལ་དུ་སྡོད་དུས།

འཆལ་པོ་དང་བཟང་དབང་པོ།།

住在布達拉宮，

我是仁欽倉央嘉措；

住在宮下雪村，

卻是浪子宕桑旺波。

悲痛不已的倉央嘉措，曾一度認為是自己害死了他的朋友，也促使歷盡艱辛逃出魔掌的姑娘又重回到惡夢。住在布達拉宮裡的倉央嘉措，堂堂的六世達賴喇嘛，卻只是一個身不由己的擺設。這樣的高貴，要他有有何用？若不是如此，又怎麼會有拉薩城裡那個浪子宕桑旺波。若不是因為宕桑旺波，又哪會發生有那麼多傷死了人心的曲折。

往事湧上心頭，如翻騰的雅江，打碎了喇嘛的心。這世上再沒有他的親人，他是高高在上的孤獨者，迎著光輝，沒有人看到他哭泣的心。

朋友受倉央嘉措之托曾經去過那錯，那位如白雲飄在記憶中的姑娘已經成了別人的新娘。可就在此時，那位姑娘正身著素衣行走在朝觀六世達賴喇嘛的路上。

紅塵似搖曳在暗夜的微光，只要一陣輕風就能熄滅那生死交替的蒼茫。就讓向死的心被賦予諸佛的力量，守護眾生不再彷徨。

流浪的菩薩

52

ཤི་ནེ་དམྱལ་བའི་ཡུལ་གྱི།

ཆོས་རྒྱལ་ལས་ཀྱི་མེ་ལོང་།

འདི་ནས་ཁྲིག་ཁྲིག་མི་འདུག།

དེ་ནས་ཁྲིག་ཁྲིག་གནང་ཞུ།།

死後到了地獄，

閻羅有照業的鏡子；

人間即便無報，

那裡也不差分毫。

佛法教義的核心精髓是行為不害和明瞭緣起。

一切法，自性空。人生是苦，得到的會失去，相愛的終別離；這種種的果報，哪一樣不是當初的因。輪迴中幾度重逢，重逢中可曾相認。倉央嘉措並不是抱怨什麼，也不是在恫嚇凡夫。

寫下這樣一首詩文時，已經有太多變故和痛苦發生在他身上。那些都是他幾乎無法承受的，自己的和他人的不幸。世上的人啊，如果只是為了討好自己的心，而不計較對旁人的傷害；即便是前世累積了再多的福報，一旦被惡業消磨，下一個輪迴必然不會有脫逃的可能。

經過一連串地打擊，倉央嘉措已經沒有過去那時爾愉快的心情。也正因如此，他對佛法的修持更加精進。他曾如花綻放的心，幾乎已經死在紅塵。與此同時，他也預知了一些即將發生的事情。

53

རྒྱ་གར་ཤར་གྱི་རྨ་བྱ།

ཀོང་ཡུལ་མ་ཐིལ་གྱི་ནེ་ཙོ།

འཁྲུངས་ས་འཁྲུངས་ཡུལ་མི་གཅིག།

འཛོམས་ས་ཆོས་འཁོར་ལྷ་ས།།

印度的孔雀，

工布的鸚哥；

生地各不相同，

卻在拉薩會合。

也許，是時候離開拉薩了。這裡即將發生慘烈的戰爭，那會是鮮血染紅石板的殺戮。也許，這一別生死未蔔；但是，佛法必將弘盛。拉薩是法輪長轉的軸心，世上的修行者和信奉佛法的人們，終將會來到這裡。

　　倉央嘉措毫不隱諱的預言，而這個預言早已經實現。印度的孔雀，是指佛法起源於印度；但是，印度信奉佛教的人只有不到十分之一。而佛法傳入中國之後，尤其是在藏地，得到了百分之九十九的人的信奉和呼哧。工布是西藏東部的一片林茂水美的地方，那裡有許多珍禽飛鳥。在工布尤其以巧嘴的鸚哥出名，但這不是為了讚譽鸚哥；而是暗示佛教將在西藏得到良好的傳承，無論是王公貴族還是庶民百姓都將平等的得到佛法智慧的開釋。

　　拉薩如同一個壇城，這個壇城是諸佛、菩薩聚集的空間，佛法將在此源源不斷地流向整個世界。這是倉央嘉措對拉薩的讚歎，也是對拉薩的留戀。因為，他知道他即將離開拉薩。

54

མི་ཚོས་ང་ལ་ལབ་པ།

དགོངས་སུ་དག་པ་ལགས་ཐེག།

ཨོ་ལོའི་གོམ་གསུམ་ཕུ་མོ།

གནས་མོའི་ནང་ལ་ཐལ་སོང་།།

人們對我指責，

我只能承擔過錯；

少年我的腳步，

到女店東家去過。

無須要再隱瞞什麼，因為原本就清白如月光。並且，很快也要告別此地了。特別提到女店東的酒館，其實是為了紀念那善良的姑娘和酒館的阿媽。同時，也是在告訴他想要提示的人，那些傳唱曾起源於那個酒館，也請有緣人代為關照那位不幸的姑娘和孤獨的酒家阿媽。

　　這看上去像是私心凡情，但如果真的這樣理解，那就不近人情了。已然要離開了，索性公開自己曾經去過酒館也不妨事了。那些依然愛戴著倉央嘉措的人們，請對酒館多多關照。

　　當初，曾是無比的煩惱。對姑娘的情意，不是來自浪子宕桑旺波。那是倉央嘉措熾熱而真實的心，可又如何能夠做到不負如來不負卿。如果能夠重來一次，又將如何抉擇。但無論如何，百般無奈和真情都只能付諸沉默。只希望所有的人兒，早日解脫。

流浪的菩薩

55

ལྕང་མ་བྱི་འུར་སེམས་ཤོར།

བྱི་འུ་ལྕང་མར་སེམས་ཤོར།

སེམས་ཤོར་མཐུན་པ་བྱུང་ན།

སྐྱ་ཁྲ་ཧོར་པས་མི་ཐུབ།།

柳樹愛上小鳥，

小鳥將心託付柳樹；

只要情意相投，

鷂鷹也無可乘之機。

那一夜，倉央嘉措俯案悲泣。往事如窗外傾瀉的暴雨，翻湧在心頭。一切已經無可挽回地發生了，只可惜，沒能在悲劇發生之前做些什麼。無常的世事太過波折，讓人恍然失措。

世人啊，若真是許了真心，且莫辜負。若是曾勇敢許諾，就應該倍於勇敢地承擔。患難與共的決心，可以抗衡無常的無情。這世上的事情沒有一樣能夠離開因緣而獨立生成，無論是前世種下的因，還是來生待熟的果，終將呈現於某處。

值得欣慰的是，姑娘再次逃離了魔掌。那是倉央嘉措不斷的祈禱，也是菩薩為那罕見的真心而感動。至於他們之間的故事，後世幾乎無人知曉。也許是阿媽和阿爸的保佑，姑娘再次逃離莊園後便一路向北尋找倉央嘉措。

56

གོང་ཡུལ་ཕྱོགས་ནས་ཕེབས་པའི།

བྱ་དེ་སྐ་མཁན་ནེ་ཙོ།

ང་ཡི་ཆུང་འགྲོགས་མཛེས་མ།

སྐུ་ཁམས་བཟང་པོ་ཨེ་འདུག།

善言的鸚哥，

從工布飛到這方；

我那心上的人兒，

是否平安吉祥。

倉央嘉措再不去拉薩城了，那裡已經再無牽掛。收拾好命運，即將要踏上一段流浪的旅程。而那些將生死寄託於佛法的人們，請不要因為自己的離開而失去了信心。

從詩文表面上看，倉央嘉措也在掛念那命運堪憂的姑娘。這其實是本段詩文想要抒發的心跡之一，倉央嘉措很清楚在未來一段時間裡想要寫一些什麼，或者提示些什麼已經不太方便了。

當牽掛無法得到回應時，祝福是期許的唯一方式。佛心不如世人那樣的澎湃，但凡情也根本無法體會那悄無聲息地而毫無保留的庇護、體貼。倉央嘉措對女子的牽掛是人性本來善的體現，也是對世間法的詮釋。人與人之間需要有愛，但是，是以敬為發心的愛。眾生平等聽上去似乎有一些不貼實際，人們有時候還來不及多做思維變已經把情分化作了愛義。可是，當愛沒有敬的基礎，就會像花朵失去了根幹。鮮豔無可避免地以凋謝而定義奉獻，人們以

曾經地付出而定義曾愛過的痕跡。愛需要誠摯的供養，更需要無別不二的觀待。

　　誰人不曾回想過去，那一段真切切的時光，何嘗不是自己曾活著的痕跡；愛和恨隨時光得到驗證，善與惡也隨時光呈現出真實的面目。過去心，不可得；現在心，不可得；未來心，亦不可得。倘若這世間確實無一物可得，又何必歷盡艱辛活過這一遭。這是佛法給予人們最深刻而微妙的思考，人生可以比眼界、心想中的得失更具意義。

　　世俗間的情、愛，是個亙古不衰的話題。關於情、愛，似乎每個人都有自己的立場；其實不難看出，正是因為立場的觀念定義情、愛的成敗、悲歡。如果我們曾真實地愛上某一個人；無論如何，對方的悲喜都曾是我們自己所造作的因果。

　　大敬無私，大愛無心。倉央嘉措通過這樣的詩文詮釋著那看似淡漠的熱烈。讓我們學習愛吧，即使輪迴中能夠再相見，也未必還能夠認得對方。

57

ད་ལྟའི་ཚེ་ཕྱུང་འདི་ལ།

དེ་ཁ་ཙམ་ཞིག་ཞུས་ནས།

གཏིང་མ་བྱིས་པའི་ལོ་ལ།

མཇལ་འཛོམ་ཨེ་ཡོང་བལྟ་ལོ།།

這短暫的一生，

蒙你如此承待；

但願來生幼年時，

還能再度重逢。

第巴的冒險失敗了，他在拉藏汗的眼前結束了自己的性命。拉藏汗為了得到清朝皇帝的諒解，編造了許多第巴的罪行。當然，廢除倉央嘉措，才真正意味著他掌握了西藏最高的權力。拉藏汗還不敢擅自處置倉央嘉措，於是他向皇帝編造了關於倉央嘉措一系列荒唐無度的行徑；並強調倉央嘉措並非真正的六世達賴。皇帝決定讓拉藏汗將倉央嘉措押解至京城再做發落，並派了大臣隨行押解。

當時，許多有威望的活佛、大喇嘛和宗教事務的僧官齊力保全倉央嘉措。但是拉藏汗絕對無法允許任何人破壞他得來不易的利益，堅持將倉央嘉措押往京城。就此經過幾個月的跋涉，直到青海湖。

這一切都是第巴桑結嘉措一手造成的後果，但是倉央嘉措已然沒有了怨恨；反而心生憐憫。這首詩文是紀念已經死去的第巴，以及預言此生將再度重逢桑結嘉措的轉世。因果是無比嚴實的，因緣是無比微妙的。而第巴的轉世，正是收藏倉央嘉措詩文最多的弟子阿旺＊多爾濟。

58

དང་པོ་མ་མཐོང་ཆོག་ག །

སེམས་པ་ཕོར་དོན་མི་འདུག །

གཉིས་པ་མ་འདྲིས་ཆོག་ག །

སེམས་གཅོང་ཡོང་དོན་མི་འདུག།།

根本未見最好，

免得神魂顛倒；

原本生疏也好，

免得情絲縈繞。

沒有抱怨什麼，也沒有必要抱怨什麼。倘若未見，興許日日猜想，妄念紛飛甚是難安。顛倒了神魂，也就彷徨了本就脆弱的心思。若是相見，請君安住吾心，同證了菩提正道，也不逆同圓種智的教化。若真心愛她，助她成佛。

這首詩文其實是倉央嘉措較早前的作品，即表達了對所見姑娘的讚美和敬愛，也告誡自己不可亂了分寸。那時，她與釀酒的姑娘相識不久；姑娘的大方得體以及對詩文的見解深深打動了他，回到宮裡時常牽掛。這樣的事情無須要冠以任何的假設，換做旁人興許更甚。

在當時的西藏，女子幾乎沒有學習的機會。只有寺院兼顧了學校的功能，也只有出家的僧人才能夠接受到一系列的教育。在拉薩城裡遇到一個頗有才華和見地的外地姑娘，那是罕見的稀有。之所以能使倉央嘉措那般動心，是因為相知不易。人與人相遇是緣分，能相知是福分；若是修持佛法，能契入三昧之妙地，那將是莫大的福德。

59

ལ་དེ་ཤོད་དཀར་ལ་མོ།

འཛེག་ཀྱིན་འཛེག་ཀྱིན་ཕྱིན་པས།

གངས་རི་ཞུ་བའི་ཆུ་སྐྱ།

དང་ལའི་ཁེད་དུ་མཇལ་བྱུང་།།

往那白鷲山上，

一步一步登攀；

白雪化成水源，

在河塘中與我相見。

求法若向心外取，徒見生死如旋流。自心靈山常屹立，直教凡情化輕舟。倉央嘉措以白鷺山暗喻印度的靈鷲山，釋迦牟尼佛在靈鷲山駐留了十二年，並在此宣講了格外殊勝的《法華經》。同時，也是替五世達賴喇嘛回復了與敏珠活佛在菩提迦耶的菩提樹下再相見的約定。靈鷲山，是佛陀講經說法最為重要的一處聖地。據悉，當代仍有高僧禪定之後，前往靈鷲山聽聞世尊仍在進行中的宣說。

學佛是格外艱辛的事情，就像從白鷺山下一步一步艱難地攀登至山頂。而為利眾生願成佛的菩提心，自然是倒駕慈航入世度眾。敏珠活佛即使在最危險的時刻，也是極力保護倉央嘉措的。在倉央嘉措離開拉薩之前的年度傳召法會上，敏珠活佛曾力諫拉藏汗允許從四面八方趕來朝聖的信眾朝見倉央嘉措。這樣的舉措是為了以廣大的信眾的力量保全倉央嘉措不被暗殺，關於這一點，倉央嘉措心裡

是清楚的。但是，拉藏汗並沒有同意。於是，倉央嘉措喬
裝到法會現場；看到如潮水般的人群，不辭辛苦跋山涉水
來到拉薩，只為看自己一眼。那是令人無比感動的事情，
那一次的所見給了倉央嘉措前所未有的力量。他夾雜在人
群中，聽到人們對自己的祝福和祈請，他更加堅定了此生
成佛的信念。在倉央嘉措消失於青海湖後，曾如約趕往菩
提迦耶，而後又到達靈鷲山。

在那次傳召法會的人潮中，他看到一位似曾相識的女
子。而那個女子是一位出家的比丘尼，即便是模樣有所改
變，而那一雙眼睛仍然當初那般親切。那樣的眼神，如潔
淨納木措映著藍天，天空有白雲輕輕飄過。湧動的人群沖
散了遲疑的相認，倉央嘉措的心裡落下一片白雲。

流浪的菩薩

60

ཆུ་མོ་ག་ལེ་ག་ལེ།

ཉ་མོའི་བློ་སྣ་སྐྱིད་དང་།

ཉ་མོའི་བློ་སྣ་བསྐྱིང་ན།

ལུས་སེམས་བདེ་ལ་འབོད་སོང་།།

河水慢些流淌，

讓魚兒放寬胸懷；

若能身心坦蕩，

必然平安吉祥。

「色不異空，空不異色，色即是空，空即是色。受想行識，亦復如是。捨利子，是諸法空想，不生不滅，不垢不淨，不增不減。」

這一首詩文是非常具有代表性的道歌，詩文講述的《般若波羅蜜多心經》的智慧。流淌的河水，是廣行實踐的方便。身心坦蕩是六波羅蜜之道上的般若，而平安吉祥是果上的般若。一個是報身成就，一個是法身成就。佛有三身，清淨的法身、圓滿的報身、無量的化身。而入世演義廣行的便是佛之化身，于眾生虔誠祈請之處那一念光明何嘗不是。

《般若波羅蜜多心經》雖然只有二百六十字，卻是《大般若》部六百卷經文的核心要義。「三世諸佛，依般若波羅蜜多故，得阿耨多羅三藐三菩提。」道出《般若波羅蜜多心經》之無上法味，且以漢文音譯「揭諦，揭諦，波羅揭諦，波羅僧揭諦，菩提薩婆訶。」說明三乘十五道次第修行的殊勝。

61

ངར་སྐྱེས་མདོག་གིས་བསྒྱུར་བའི།

བླ་མ་ཡོང་རྒྱུ་ཡིན་ན།

མཚོ་སྐྱོད་གསེར་བྱ་དང་པས།

འགྲོ་བ་འདྲེན་པ་འདུག་གོ།།

只是穿上紅黃袈裟，

就能成為喇嘛；

那湖中金黃的野鴨，

也能將眾生度化。

既然決意修行，就應該清明法眼，擇諸正法教而薰習。依法不依人，依義不依語，依智不依識，依了義不依不了義；是修習佛法杜入歧途的重要決定。

倉央嘉措用這樣一首道歌警示出家人如法修行，在家人擇正法而護持。末法時期，參學說教十分不易。稍有見知便如獲珍寶，不識方便因緣廣為人說；造了他人厭法障礙。執著自己所學法門，自贊謗他而妄分高下；造了他人懼此法門障礙。廣游名而攀諸法會，貪圖捷徑而無視自行；造了取巧貢高障礙。深迷靈異追求神通，見光即佛而幻真不分；造了邪見迷信障礙。自恃聰明辯求讚譽，好高騖遠而荒廢修持；造了偏見誤道障礙。是非廣泛且以訛傳訛，謗法謗僧正念漸失；造了阻法斷源障礙。這些都是如今學佛之人常見的問題。

即便是對倉央嘉措本人，也有許多負面見解的說法。孰不知，有些成就者一生隱藏功德，甚至故意示現離經叛道的形象而遊戲於人間。

62

པད་སྦྲང་མེར་པོའི་ཐུགས་ལ།

ག་འདུ་ཡོད་ནི་མི་ཤེས།

ལོ་ཡག་ལྗང་པའི་ཐུགས་ལ།

སྦྲང་ཆར་ཤིལ་མ་འདོད་གི།།

蜂兒的心中，

不知如何思量；

而那青苗的心意，

只盼望甘露普降。

忍痛割愛，是于人於己都十分殘忍事情。但對於倉央嘉措而言，弘法利眾是畢生之使命。姑娘啊，你明白喇嘛的心意嗎？輪回是那般的痛苦，你也曾屢屢遭遇世俗的不幸。姑娘啊，你明白喇嘛的心意嗎？你的苦難一刻不停的折磨著他柔軟的心地，來生再莫要受著人間的煎熬。

　　當因緣具足成性命時，生命便成了來世與今生的渡船。當生命被賦予使命時，生死已非一己之事。流浪在斷常之間，是船兒失去槳的悲傷。你若明白喇嘛的心意，你便是示現在人間的菩薩。自從你出現在喇嘛的面前，你已經是無我之心的菩薩。此生成佛，是對眾生不蝕的宏願，也是對你忘死相愛的報答。

　　蜂兒有一雙翅膀，應該去遠方。遠方不在前方，在那須彌之上。青苗是紮根在淨土的願行，枝葉將茂盛於荒漠，邊地也能夠變成經堂。這是倉央嘉措的期待，也是他的預示；那身穿素衣的比丘尼，不是旁人，正是瓊結的姑娘。

63

ཁྱུ་དེ་ཁྲུང་ཁྲུང་དཀར་པོ།

ང་ལ་གཤོག་རྩལ་གཡར་དང་།

ཐག་རིང་རྒྱང་ནས་མི་འགྲོ།

ལི་ཐང་བསྐོར་ནས་སླེབས་ཡོང་།།

　潔白的仙鶴，

請將翅膀借我；

不會一去不返，

只到理塘一遭。

倉央嘉措走了，去往遙遠的北方。為他而來的人們，你們都是入世的菩薩。人生如那一株孤獨在藥王山頂上的格桑，歷經雨雪風霜，只為在月圓之夜，獻上緘默的芬芳。你曾是那遠山林中的小徑，指引極樂的方向。你曾是那醉倒在山坡的情郎，守護善良的姑娘。你曾是那欲哭無淚的雪域之王，以宮牆掩飾著哀傷。這一別，山高水長；如果此生是訣別，請你明示轉世在何方？

　　倉央嘉措被廢黜，是西藏歷史和臟傳佛教的一個重大曲折。拉藏汗在倉央嘉措被押解出藏後不久，便重新立了新的六世達賴喇嘛。一位達賴喇嘛在西藏不僅僅是意味著權力，更重要的是佛教事業發展的趨向。倉央嘉措明白人們對他的未來的期待和掛記，所以寫下這首暗示自己將轉世在理塘的詩文。同時，也是為了安慰牽掛他的人們。

　　關於倉央嘉措的轉世，世上的傳聞大多不實……

64

ཕ་ཡུལ་ས་ཐག་རིང་ནས།

དྲིན་ཅན་ཕ་མ་མི་འདུག།

མེད་ཀྱང་སྲུག་རྒྱུ་མི་འདུག།

མ་ལས་སྐྱག་པ་ཡོད་དོ།

མ་ལས་སྐྱག་པའི་བྱམས་པ།

ལ་མོ་རྒྱབ་ནས་ཡོད་དོ།

故鄉，

遠在他方，

雙親亦遠在天上；

已經不再悲傷，

善良的情人如同親娘，

翻山越嶺來到身旁。

一念提起是當初旁人無法領會的緣機，一念放下是終將清白於世間的戲舞。那一襲紅悄然飄向遠方，隱沒於蒼茫茫的紅塵。已不枉百轉千回地到來，更清白了翩然無漏的歸去。「世間安得雙全法，不負如來不負卿。」是那疲倦的心中始終蒼翠的慈悲，如你視卿與如來的不二；亦如你藏於我眼中的你的淚水。已全然了卻，故土是那寂靜的光芒，此一行已全然達義。此刻，我們回家。

流浪的菩薩

後記

關於倉央嘉措，後世有許多不同的傳說。歷史上，似乎沒有一位達賴喇嘛在時隔 300 多年後，仍然被人們記住和熱議。主要原因是因為那些關於他圓寂前的事蹟，像隱藏在白雲之上的一片彩色的雲朵。充滿入世的悲歡，又飽含出世的殊勝。他是一位喇嘛，也是一位達賴喇嘛，更是一個充滿傳奇的達賴喇嘛。

　　有人說是他的所謂「情詩」奠定了後世傳說的基礎，也有人說是他二十四歲時的隱化造就了相續的傳奇。其實，無論如何，那都是一種精神的傳承。沒有任何事物，或者人物在毫無緣由的情況下被銘記。倉央嘉措生平是平凡的，而由平凡創造的非凡便是奇跡。在他六十四年的世俗生命中，一半演繹了無常，一半演繹了佛法；這何嘗不是「不負如來不負卿」的慈悲和方便。當然，也有人說他的一生只經歷了二十四個年頭。關於這樣的傳說，不必要杯葛究竟。

正所謂但盡凡情，別無聖解；倉央嘉措帶給每個人的不同的思維才是關鍵和珍貴的。由於對藏傳佛教的神秘的看待，難免為倉央嘉措的生平附著了些許神秘。其實，種種的猜想都是對那樣一位喇嘛的緬懷和尊敬。在他演繹入世的種種磨難和痛苦中，椿椿件件似乎都是在呈現所有眾生的遭遇。在他演繹出世的種種灑脫和智慧中，絲絲縷縷似乎都是眾生一度的渴望。有倒是，不凡即仙骨，多情乃佛心。

關於倉央嘉措的詩歌，後世流傳的則更為豐富。幾乎在他的原作數量上倍增有餘，甚至有人以他的名義寫下了頗具才華的作品。這些都是對喇嘛的愛惜，姑且不必評價。喇嘛謎一樣的一生因後世的祝福更加撲朔，或許這正是喇嘛時刻不減的加持吧。所以，斗膽籍此陋書向所有記得喇嘛，以及有緣看到這本的人們致以真摯的祝福。末學才疏，亦無建樹，草草下筆也頗為惶恐；故在此特別感謝

我的師兄喇嘛格西在藏文核校上的莫大幫助，同時感謝我的上師的鼓勵，以及所有不同宗派的比丘朋友們的鼎力支持。

由於剛寫這本書時突然暴雨傾盆，時擱半年，而結稿時又恰好如此；就借由這前後兩道彩虹祈求佛法永駐，祈願大家幸福平安，喜樂吉祥。

丹增偕樂合十

讀懂菩提道次第廣論之止觀思想與實踐：
學習廣論一定要知道的解脫道關鍵

作者：連英華

定價：299 元

本書探討內容含攝以下三者：

一、察考宗喀巴大師之思想根源及《廣論》之著作依據。

二、探究《廣論》止觀修學之思想與實踐是否於上士道修學階段肇始建立。

三、究明止觀修學之實踐步驟，同時進而探討其如何為求道證悟之根本。

本書特色：

佛陀所教導之佛法實踐，止與觀乃最核心之兩大必要修持。經由串習止觀而獲證奢摩他與毘缽捨那，乃至通達止觀雙運而證悟涅槃，實踐止觀修持乃是趣入涅槃究竟之重大關鍵。

西藏佛教格魯派宗喀巴大師融通顯密佛理教義，其統整西藏佛教體系化之重要著作即《菩提道次第廣論》，讀懂該論便可明瞭止觀修習實則貫串於三士道之修學過程，而非僅始於上士道階段。此論詳實述明行者依照修學次第，致力於並重身心修持之止觀雙運，終至成就自利利他之無上正等正覺。

本書掌握佛教顯密修學基礎之梗概，使進而能致力於身心修持並重之止觀雙運，終至成就自利利他之菩薩道，為成辦究竟無上正等正覺而具足資糧。特由戒定慧三學之修學進路與相互關聯契入，說明此大論止觀思想與實踐之奠基，再藉由探討禪定修持之理與緣起性空之義，建立清淨無染之正念與正見，然後反覆串習而成辦奢摩他與毘缽捨那，最終實踐止觀雙運之境界，從而解脫生死以證悟佛果。

倉央嘉措
塵封三百年的祕密：
解開六世達賴生死之謎

作者：白瑪僧格

作者：定價：350 元

還倉央嘉措真實而完整的本來面目

第六世達賴——倉央嘉措，是藏傳佛教格魯派的轉世活佛，也是西藏有史以來最具爭議的人物。他流傳後世、膾炙人口的不是佛法義理，而是如情詩般的文學作品。他的生死尤其神秘……有人說他 23 歲時死於戰爭；也有人說他在戰爭被押解途中逃脫，隱居直至 63 歲圓寂。

第六世達賴的後半生，是迄今三百年來懸而未決、難下定論的「懸案」！

本書根據清代第六世達賴的親傳弟子阿旺倫珠達爾吉（即達爾吉諾門罕）所著《一切知語自在法稱海妙吉祥傳記——殊異聖行妙音天界琵琶音》（簡稱《倉央嘉措傳》或《六世達賴喇嘛傳》）漢譯本為藍本，並依最近的史料及相關文物資訊，及參考各種資料編撰而成。

從詳實可信的歷史脈絡，還倉央嘉措真實而完整的本來面目。

本書特色：

六世達賴倉央嘉措，是西藏歷史上最富爭議的喇嘛。
身為活佛，卻曾拒絕受戒，意欲還俗；
修道時留下的詩歌，卻又處處透露出情愛的滋味。
本書解開倉央嘉措塵封三百年的生死謎團，
見證他生平修行、愛情與生死的傳奇
——窺倉央嘉措深藏在詩歌中，許多不為人知的祕密

大圓滿椎擊三要演義：
輕鬆讀懂大圓滿密要

作者：鄭振煌居士 / 講釋

定價：280 元

見，就是對法的認知；
修，就是對法的演練；
行，就是將法運用在日常生活中。

　　藏傳佛教寧瑪巴派最高的法門是無上瑜伽續，即大圓滿法。巴楚仁波切 (1805-1889) ，也就是《西藏生死書》中的貝珠仁波切，將大圓滿法分為「見、修、行」三要件，寫成《椎擊三要訣勝法》，本書係根據此訣勝法而做的講釋紀錄。

本書特色：

　　本書第一章，從外而內而密，詮釋「大」、「圓」、「滿」三字的含義。外，就是可以見聞覺知的現象，也就是色、聲、香、味、觸；內，就是相應外在現象的內心，也就是心意識的作用；密，是非常隱密幽微、難解難證的本覺佛性，也就是一切萬法的根源。因此，無論是漢傳佛教的圓教，或是藏傳佛教的大圓滿法，都是從密的角度去修行的。

　　第四章是有關「見」的部分。大圓滿見，就是性相不二。法性廣大遍一切，只要因緣和合，自然會生起一切現象。

　　第五章是有關「修」的部分，不離心性，全然放鬆、休息在心性當中，時刻不離大圓滿見，建立不動搖的信心。

　　第六章是「行」的部分，行六度乃至十度，也就是行菩薩道，日常行為要如同菩薩。

學佛一定要懂的
辨證法要：
辨了不了義善說藏論

作者：宗喀吧

譯者：法尊

定價：299 元

學佛一定要懂的辨證法要，則徒勞無功白忙一場，
釋迦牟尼佛在圓寂前，叮嚀阿難與大眾要「四依止」。
依法不依人、依智不依識、依義不依語、依了義不依不了義

本書特色：

　　了義和不了義是最不好懂的，透過宗喀吧大師的著作，有助於我們清楚辨別何為了義和不了義

　　不善了諸法學法難脫生死，「空性寂靜無生理，眾生未解故漂沒，悲尊以多百方便，及百正理令彼悟。」謂諸法真如，極難通達，若不通達，難脫生死。可見學佛一定要懂的辨證法要，否則到頭來白忙一場可个冤枉。

　　透過宗喀巴大師的《辨了不了義善說藏論》，我們可以清楚辨別大乘佛教的唯識宗、中觀自續派及中觀應成派等三個宗派對於空性的主張有何差異，以及這三個宗派對於佛陀三轉法輪的內容，是根據什麼觀點來判別其了義或不了義等內容。

　　本論介紹：分辨經典的了義與不了義的重要性、詳細分辨佛經的了義與不了義、根據《解深密經》來分辨了義與不了義的體系、根據《無盡慧經》來分辨了義與不了義的體系、經典當中所說的意義應該如何詮釋、龍樹如何詮釋經典的意義、龍樹的隨行者們如何詮釋經典的意義等等。

國家圖書館出版品預行編目（CIP）資料

倉央嘉措詩歌裡所隱藏的秘義：從凡情中成就
佛心 / 丹增偕樂著 . -- 初版 . -- 新北市：大喜文
化 , 2017.06
　　面；　公分 . -- (喚起；24)
　ISBN 978-986-94645-5-0(平裝)

1. 藏傳佛教 2. 佛教修持

　226.965　　　　　　　　　　　106007029

喚起 24

倉央嘉措詩歌裡所隱藏的秘義：
從凡情中成就佛心

作　　者　丹增偕樂
出 版 者　大喜文化有限公司
發 行 人　梁崇明
登 記 證　行政院新聞局局版台省業字第 244 號
P.O.BOX　中和市郵政第 2-193 號信箱
發 行 處　23556 新北市中和區板南路 498 號 7 樓之 2
電　　話　（02）2223-1391
傳　　真　（02）2223-1077
劃撥帳號　5023-2915，帳戶：大喜文化有限公司
E- m a i l　joy131499@gmail.com
銀行匯款　銀行代號：050，帳號：002-120-348-27
　　　　　　臺灣企銀，帳戶：大喜文化有限公司
總經銷商　聯合發行股份有限公司
地　　址　231 新北市新店區寶橋路 235 巷 6 弄 6 號 2 樓
電　　話　（02）2917-8022
傳　　真　（02）2915-7212
初　　版　西元 2017 年 6 月
定　　價　新台幣 280 元